Leckereien backen und verpacken

40 süße und salzige Geschenke aus der Küche

Inhalt

* Süße Leckereien ~ 6

Herzhafte Leckereien ~ 80

Grundwissen ~ 112

Vorwort

Was gibt es Schöneres, als seine Liebsten mit süßen oder salzigen Leckereien aus der Küche zu verwöhnen? Denn Liebe geht schließlich durch den Magen! Ob zum Geburtstag, Muttertag, Kaffeeklatsch oder als kleiner Snack für zwischendurch, in diesem Buch finden Sie für jeden Anlass das richtige Rezept. Und dank der bebilderten Schritt-für-Schritt-Anleitungen werden selbst schwierige Rezepte wie Macarons, Cake Pops, Biskuitrollen oder dekorative Verzierungen aus Fondant oder Buttercreme zum Kinderspiel!

Sie wollen die selbst gemachten Köstlichkeiten verschenken und suchen noch nach einer kreativen und originellen Verpackungsidee? Kein Problem, lassen Sie sich einfach von den Vorlagen inspirieren und passen Sie diese ganz nach Ihren Wünschen an. Kombinieren Sie Körbchen, Schachteln oder ausgediente Gläser und Flaschen einfach mit passenden Etiketten oder Anhängern, Bändern oder Schnüren, Transparentfolie oder Seidenpapier – Ihrer Kreativität sind dabei keine Grenzen gesetzt!

LECKER
LECKER

Süße Leckereien

Wahre Hingucker und süße Verlockungen, die Ihre Sinne verführen und auf der Zunge zergehen

KONFETTI
Cookies
FÜR DICH

Konfetti-Cookies

EINFÜLLEN

Das Vollkornmehl mit Natron, Salz und Vanille vermengen, ins Glas füllen und andrücken. Den Zucker zugeben und andrücken. Zum Schluss die Schokolinsen einfüllen. Das Glas verschließen und verzieren.

VERZIEREN

1 Aus dem weißen Karton einen Kreis ausstanzen und mit der Schere einen ca. 6 cm x 4 cm großen Anhänger zurechtschneiden. An den oberen Ecken abschrägen.

2 Mit dem Cuttermesser aus den farbigen Leinenkartonresten Wellen schneiden und den Kreis und den Anhänger damit bekleben. Mit dem Bürolocher farbige Konfetti herstellen und ebenfalls aufkleben.

3 Kreis und Anhänger mit Alphabetstempeln nach Wunsch beschriften.

4 Den Anhänger lochen und mit dem Jutegarn am Glasrand befestigen.

BACKEN

1 Ei und Margarine bzw. Butter schaumig schlagen. Die Backmischung unterrühren. Den Backofen auf 180 °C Ober-/Unterhitze vorheizen.

2 Den Teig mit einem Esslöffel portionsweise abstechen und im Abstand von 8 cm auf ein mit Backpapier ausgelegtes Backblech setzen.

3 Die Cookies 15 Minuten im Backofen backen und auf dem Blech oder einem Kuchengitter auskühlen lassen.

ZUTATEN

FÜR 20 COOKIES

WECK®-Sturzglas (850 ml)
200 g Vollkornweizenmehl
½ TL Natron
½ TL Salz
¼ TL Vanille, gemahlen
200 g brauner Zucker
200 g Minischokolinsen

ZUM BACKEN

1 Ei
100 g Margarine oder Butter

MATERIAL

Fotokartonrest in Weiß
strukturierter Leinenkartonrest in Türkis, Gelb und Pink
2 Alphabetstempelsets
Stempelkissen in Schwarz
dünnes Jutegarn in Türkis, 25 cm lang
Motivstanzer „Kreis", ø 7,5 cm (3 Zoll)
Schere
Cuttermesser mit Schneideunterlage
Bürolocher
Papierklebstoff

Verpackungsidee

Wenn Sie die Cupcakes verschenken möchten, überreichen Sie sie doch einfach in einer dekorativen Schachtel. Eine passende Vorlage finden Sie auf Seite 139.

Kleine Glücksbringer-Cupcakes

1 Backen Sie die Cupcakes nach dem Grundrezept von Seite 128 und lassen Sie sie auskühlen. Dann die Creme (siehe Seite 129) herstellen und die Cupcakes dünn damit bestreichen. Den roten, hellgrünen und rosa Fondant bearbeiten und aufbringen.

2 Für den Klee vier Herzen (ca. 3 cm hoch) ausschneiden und anritzen. Das Kleeblatt mit dem Stiel auf dem grünen Cupcake anbringen.

3 Jetzt den Fondant in Schwarz für den Marienkäfer dünn ausrollen. Dann schneiden Sie einen 0,5 cm x 8 cm großen Streifen aus und stechen beliebig viele Punkte mit dem Strohhalm aus. Für den Kopf ca. 15 g Fondant eiförmig formen und alle Teile anbringen. Für den Mund ein kleines rotes Herz modellieren und ankleben. Die Augen aus weißen und schwarzen Fondantkugeln formen. Für die Fühler kleine Löcher am oberen Kopfrand bohren und kleine Fondantwürste einstecken. Zum Schluss zwei kleine Kugeln auf den Fühlern anbringen.

4 Den Schweinchenkopf aus ca. 15 g Fondant in Rosa herstellen und anbringen. Für die Schnauze benötigen Sie ca. 5 g. Mit einem Zahnstocher zwei kleine Löcher eindrücken. Die Ohren aus je 5 g Fondant nach Vorlage formen und anbringen. Zum Schluss einen Ringelschwanz und die Augen ankleben.

Vorlage siehe Seite 134

Zutaten

FÜR 12 CUPCAKES

Schokoladenteig (siehe Seite 128)
Pudding- oder Buttercreme (Hälfte des Grundrezepts) (siehe Seite 129)
je 150 g Fondant in Hellgrün, Rot und Rosa
je 100 g Fondant in Grün, Rosa und Schwarz
etwas Fondant in Weiß
Lebensmittelfarbe in Schwarz

AUSSERDEM

Papierförmchen in Metallic-Rosa, Metallic-Rot und Metallic-Grün
Kreisausstecher, ø 7 cm
dicker Strohhalm
Zahnstocher

Mini-Donuts mit Zuckerstreuseln

Zutaten
Für 36 Stück

Für den Teig
800 g Mehl und Mehl für die Arbeitsfläche
1 Würfel Hefe (42 g)
125 g Zucker
50 ml lauwarmes Wasser
2 Päckchen Vanillezucker
300 ml lauwarme Milch
2 Eier
80 g zerlassene Butter
1 TL Salz
Frittierfett

Für die Dekoration
500 g Puderzucker
Zuckerstreusel

1 Geben Sie das Mehl in eine Schüssel und formen Sie mit der Faust eine Mulde. Zerbröckeln Sie die Hefe und geben Sie sie in die Mulde. Streuen Sie einen Esslöffel Zucker darüber und gießen Sie das lauwarme Wasser dazu. Lassen Sie die Mischung etwa 10 Minuten stehen, bis sich Blasen bilden.

2 Geben Sie nun den restlichen Zucker, den Vanillezucker und die lauwarme Milch hinzu und verrühren Sie den Teig mit den Knethaken des Handrührgeräts. Anschließend die Eier, die zerlassene Butter und das Salz zugeben und zu einem weichen Teig verkneten. Den Teig zugedeckt mindestens 1 Stunde gehen lassen.

3 Kneten Sie den Teig durch und rollen Sie ihn etwa 1–2 cm dick aus. Mit zwei runden Ausstechern (ø 2–2,5 cm und 6–7 cm) Ringe ausstechen und auf einer bemehlten Fläche erneut 1 Stunde gehen lassen.

4 Erhitzen Sie das Fett auf 170 °C in einem hohen Topf. Inzwischen rühren Sie den Puderzucker mit etwas Wasser zu einem leicht sämigen Zuckerguss an.

5 Geben Sie 2 bis 3 Donuts mit einer Schaumkelle in das Fett und frittieren Sie sie hellbraun. Nach ca. 1 bis 2 Minuten wenden, die andere Seite ebenfalls 1 bis 2 Minuten frittieren. Anschließend die Donuts auf Küchenpapier abtropfen lassen.

6 Tauchen Sie die noch warmen Donuts in den Zuckerguss und bestreuen Sie diese auf Wunsch mit Zuckerstreuseln und lassen sie trocknen.

Frisch sind Donuts etwa 2 Tage haltbar. Sie können außerdem gut eingefroren werden – allerdings ohne Zuckerguss, denn dieser würde beim Auftauen zerlaufen.

FOR YOU
DONUT
DONUT

Tüten für die Mini-Donuts

1 Legen Sie einen Donut in die Butterbrottüte und falten Sie das überstehende Papier auf die Rückseite. Legen Sie eine ca. 6 cm breite Banderole aus Knautschpapier um die Butterbrottüte.

2 Schneiden Sie aus dem farbigen Karton einen Kreis (ø 8 cm) und markieren Sie in der Mitte mit Bleistift einen Kreis (ø 3 cm). Innerhalb dieses Kreises tragen Sie mit einem weißen Marker die gewünschte Beschriftung auf. Lochen Sie zwei kleine Löcher in den oberen und unteren Rand des Kartons.

3 Aus dem weißen Karton schneiden Sie einen Ring mit einem äußeren Durchmesser von 7,6 cm und einem inneren Durchmesser von 3,4 cm. Für die aufgestempelten Streusel schneiden Sie mit dem Cutter oder einem schmalen Linoleummesser aus einem Radiergummi einen ca. 1 cm langen und 2 mm breiten Streifen mit abgerundeten Enden. Bestempeln Sie nun den weißen Papierring mit bunten Streuseln.

4 Kleben Sie zwischen die beiden Kartonlagen 3-D-Klebepads. Fädeln Sie die Kordel durch die beiden Löcher in der unteren Kartonlage und wickeln Sie sie mehrmals um die Banderole aus Knautschpapier. Binden Sie die Fadenenden auf der Unterseite zusammen.

Material

- Butterbrottüten
- Knautschpapier in Gelb und Pink
- Karton in Orange, Rosa und Weiß
- Kordel in Rosa
- Stempelkissen in Orange, Pink und Rosa
- Radiergummi
- Linoleummesser oder Cutter
- Schere
- Bleistift
- Lackstift in Weiß
- 3-D-Klebepads
- Klebstoff
- Einlochzange

KUHFLECKEN-
Brownies

1 Die Zartbitter-Kuvertüre zerkleinern und gemeinsam mit der Butter im Wasserbad schmelzen. Den Backofen auf 180 °C Ober-/Unterhitze vorheizen. Auflaufform (15 cm x 20 cm) fetten. Eier, Zucker und Vanillezucker mit dem Handrührgerät verrühren, bis eine schaumige Konsistenz erreicht wird. Heiße Schokoladenbutter unterrühren. Mehl, Backpulver und Kakao in einer zweiten Schüssel vermischen und ganz kurz unterrühren.

2 Weiße Schokolade klein hacken. Die Hälfte unter den Teig heben, diesen in die Auflaufform füllen und mit der restlichen Schokolade bestreuen. Die Brownies 25 Minuten im vorgeheizten Backofen backen und auf einem Kuchengitter abkühlen lassen.

Zutaten

100 g Zartbitter-Kuvertüre
100 g Butter
3 Eier
100 g Zucker
1 Päckchen Vanillezucker
50 g Mehl
1 gehäufte Messerspitze Backpulver
2 EL Kakaopulver
50 g weiße Schokolade

Tipp
Warme Vanillesoße ist ein Traum zu diesen Brownies!

Kleine Push-Up-Cakes

1 Schneiden Sie für die Creme die Schokolade in kleine Stücke. Die Vanilleschote aufschlitzen, das Mark herauskratzen. Die Schokolade mit Vanillemark, dem Likör und der Sahne in einen Topf geben und bei schwacher Hitze unter Rühren mit dem Schneebesen in der Sahne schmelzen. Die Flüssigkeit soll dabei nur handwarm werden. Stellen Sie die Masse abgedeckt über Nacht im Kühlschrank kalt.

2 Für den Biskuit den Backofen auf 180 °C Ober-/Unterhitze vorheizen. Schlagen Sie das Eiweiß mit 1 Prise Salz auf. Geben Sie den Zucker nach und nach zu und schlagen Sie alles zu einer steifen Masse. Nun die Eigelbe nacheinander unterheben. Anschließend das Mehl und den Kakao dazugeben. Verteilen Sie den Teig auf ein mit Backpapier ausgelegtes rechteckiges Blech. Backen Sie den Biskuit ca. 15 Minuten hellbraun. Abkühlen lassen. Anschließend mit einem Push-up-Behälter den Biskuit ausstechen.

3 Nach der Kühlzeit mit den Quirlen des Handrührers die Schokomasse in 6 bis 7 Minuten steif schlagen. Füllen Sie einen Spritzbeutel mit Sterntülle mit der Schoko-Sahne. Schneiden Sie die Karamellbonbons in kleine Würfel.

4 Geben Sie nun in die Push-up-Formen je einen Biskuitkreis und drücken Sie ihn nach ganz unten. Anschließend füllen Sie etwas Karamellcreme auf den Biskuit und geben 3–4 Karamellwürfelchen darauf. Nun wieder einen Biskuitkreis in die Form legen und so fortfahren, bis die Form gefüllt ist. Für den Abschluss spritzen Sie mit der Sterntülle etwas Creme auf den letzten Biskuitkreis und garnieren diesen mit den restlichen Karamellwürfelchen. Bis zum Servieren kühl aufbewahren.

Zutaten

FÜR 8 PUSH-UP-BEHÄLTER

FÜR DIE WEISSE SCHOKOCREME

200 g weiße Schokolade
1 Vanilleschote
250 g Sahne
2 EL Kakaolikör

FÜR DEN SCHOKOBISKUIT

5 Eier, getrennt
1 Prise Salz
150 g Zucker (Kristallzucker)
2 EL Kakaopulver, entölt, ohne Zuckerzusatz
100 g Mehl
Zucker zum Bestreuen
16 weiche Karamellbonbons

AUSSERDEM

8 Push-up-Behälter

Weiße Haselnuss-Cookies

1 Den Zucker, den Vanillezucker, die Butter und das Ei schaumig rühren. Das Mehl mit Natron und Salz mischen und unter die Masse rühren. Die Haselnüsse und die Kuvertüre grob hacken und unter den Teig heben. Den Backofen auf 160 °C Ober-/Unterhitze vorheizen.

2 Das Backblech mit Backpapier auslegen. Stechen Sie den Teig mit einem Esslöffel ab und setzen Sie die Häufchen im Abstand von 8 cm auf das Blech.

3 Im vorgeheizten Backofen 15 Minuten backen, bis die Ränder goldgelb werden. Die Cookies auf dem Blech auskühlen lassen und verpacken.

Die Cookies sind kühl und trocken gelagert 1 Monat haltbar.

Zutaten

FÜR 20 COOKIES

160 g Zucker
1 Päckchen Vanillezucker
120 g Butter
1 Ei
250 g Weizenmehl (Type 405)
½ TL Natron
1 Prise Salz
100 g abgezogene Haselnüsse
200 g weiße Kuvertüre

Tüten für die Haselnuss-Cookies

MATERIAL

- Scrapbook-Papier in Braun-Grün gemustert
- Kopierpapier in Weiß
- Masking-Tape in Türkis-Weiß gestreift, 1,5 cm breit
- Zellophanpapier oder Frischhaltefolie
- Motivlocher „Kreis", ø 3 cm
- Cutter mit geeigneter Schneideunterlage
- Falzbein oder Messer

1 Kopieren Sie die Vorlage auf das Scrapbook-Papier oder übertragen Sie sie mithilfe einer Schablone. Dazu die Vorlage auf Transparentpapier durchpausen, auf ein Stück Karton kleben und ausschneiden. Die so entstandene Schablone auf das Papier legen, mit einem Bleistift umfahren und ausschneiden. Die beiden Schlitze, durch die später das Etikett geschoben wird, werden mit dem Cutter eingeschnitten.

2 Die gepunkteten Linien werden vorgefalzt – mit einem Falzbein oder einem Messerrücken – und umgefaltet. An den Klebelaschen wird das Täschchen zusammengeklebt. An der Vorderseite mittig mit dem Motivlocher einen Halbkreis ausstanzen.

3 Beschriften Sie nun das weiße Papier und schneiden Sie die Etiketten mit 7 cm Länge und 2,5 cm Breite zu. Schieben Sie die Etiketten auf beiden Seiten in die Schlitze und kleben Sie ein kleines Stück Masking-Tape auf (am besten halbieren Sie das Tape längs). Den Cookie in Zellophanpapier oder Frischhaltefolie einschlagen und in die Tüte schieben.

Vorlage siehe Seite 132

Bunte Bananen-Cupcakes

1 Die Vanilla Cupcakes nach dem Grundrezept von Seite 128 backen und auskühlen lassen. Anschließend die Puddingcreme (siehe Seite 129) zubereiten.

2 Die Bananen in Scheiben schneiden und 4–5 Scheiben auf jedem Cupcake verteilen. Pro Cupcake ca. 3 EL Puddingcreme auf die Oberfläche geben und mit einem Buttermesser oder Palettenmesser gleichmäßig verteilen (siehe Seite 130). Dabei ein großes Häubchen formen. Stellen Sie die Cupcakes mindestens 1 Stunde kalt.

3 Schmelzen Sie die Schokolade oder Kuvertüre über einem Wasserbad. Die Schokolade in eine Tasse mit großem Umfang geben (sie sollte groß genug sein, um den Cupcake eintauchen zu können) und abkühlen lassen. Dann die Cupcakes in die geschmolzene Schokolade tauchen und direkt mit bunten Streuseln bestreuen.

4 Schlagen Sie die Sahne steif und verteilen Sie sie mit einem Spritzbeutel mit Sterntülle kreisförmig auf dem Cupcake. Mit je einer Belegkirsche schön verzieren.

Zutaten

FÜR 12 CUPCAKES

Vanilleteig (siehe Seite 128)
Puddingcreme (siehe Seite 129)
2 Bananen
150 g Schokolade oder Kuvertüre
bunte Streusel
150 g Sahne
12 Belegkirschen

AUSSERDEM

Papierförmchen in Gelb
offene Sterntülle, ⌀ 1,4 cm

Verpackungsidee

In einer dekorativen Schachtel sind diese Cupcakes ein tolles Geschenk oder Mitbringsel! Eine passende Vorlage finden Sie auf Seite 139.

Mug Cake
AUS DER MIKROWELLE

1 Butter in der Mikrowelle schmelzen und mithilfe eines Schneebesens gründlich mit dem Ei verrühren. Die restlichen Zutaten untermischen.

2 Teig auf zwei mikrowellenfeste Tassen (à 150 ml) verteilen und 2 Minuten bei 560 Watt in der Mikrowelle backen. Warm und mit Puderzucker bestäubt servieren.

ZUTATEN

1 EL Butter
1 Ei
3 EL Milch
1 Päckchen Vanillezucker
2 EL Zucker
6 EL Mehl
½ TL Backpulver
1 Prise Salz
Puderzucker zur Dekoration

Tipp

Die Tassen nur zu einem Drittel füllen, da der Teig stark aufgeht!

Zitronen-Macarons

Zutaten

FÜR 20 STÜCK

Macarons-Grundteig
(siehe Seite 126)
Lebensmittelfarbe in Gelb

FÜR DIE FÜLLUNG

1 Portion Buttercreme
(siehe Seite 127)
abgeriebene Schale von einer Bio-Zitrone
1 Msp. Thymian

AUSSERDEM

Zahnstocher

1 Den Teig für die Macarons zubereiten (siehe Seite 126) und mit gelber Lebensmittelfarbe einfärben.

2 Runde Macarons auf ein mit Backpapier belegtes Backblech spritzen. Mit einem Zahnstocher an zwei gegenüberliegenden Seiten der Kreise den Teig ein wenig nach außen ziehen, sodass die Form einer Zitrone entsteht. Die Macarons wie im Grundrezept beschrieben backen.

3 Für die Füllung eine Buttercreme herstellen (siehe Seite 127). Zitronenschale und Thymian mit der Buttercreme verrühren und die Macarons damit füllen. Wer lieber eine normale Zitronencreme haben möchte, lässt den Thymian einfach weg.

Verpackungsidee

Überreichen Sie die Macarons doch in einer stilvollen Schachtel mit Deckel – so sind sie gut geschützt und können sicher transportiert werden. Eine Vorlage hierfür finden Sie auf Seite 140.

Zitronen-Mohn-Minigugel

1 Butter schmelzen. 20 ml davon abmessen und die Minigugel-Silikonform damit einstreichen. Die Form mit 1 EL Mehl ausstäuben. Den Backofen auf 180 °C Ober-/Unterhitze vorheizen. Die restliche Butter mit 50 g Puderzucker und dem Ei glatt rühren. Restliches Mehl mit Backpulver, Salz und Mohn mischen und unter die Masse heben. Zuletzt Joghurt und 3 EL Zitronensaft untermischen.

2 Den Teig in einen Spritzbeutel füllen und in die Gugelförmchen spritzen. Die Gugel 15 Minuten im vorgeheizten Ofen backen. Kurz auskühlen lassen und aus der Form lösen. Den restlichen Puderzucker und Zitronensaft zu einem Guss verrühren und die Gugel damit besprenkeln.

Zutaten

FÜR 18 STÜCK

70 g Butter
100 g Mehl
100 g Puderzucker
1 Ei
1 TL Backpulver
1 Prise Salz
1 TL Mohn
80 g ungesüßter Naturjoghurt
4 EL Zitronensaft

AUSSERDEM

Minigugel-Silikonform

Tipp

Falls gerade kein Spritzbeutel zur Hand ist, kann der Teig auch in einen Gefrierbeutel eingefüllt werden. Einfach eine untere Ecke abschneiden und den Teig in die Förmchen spritzen.

Verpackungsidee

Die Minigugel sind ein leckeres Mitbringsel – in einer hübschen Schachtel lassen sie sich gut mitnehmen. Eine passende Vorlage hierfür finden Sie auf Seite 141.

Heidelbeer-Stachelbeer-Galette

Zutaten

200 g Mehl und etwas Mehl zum Ausrollen
1 Prise Salz
1 TL Zucker
100 g kalte Butter
40 ml eiskaltes Wasser
250 g Heidelbeeren
50 g rote Stachelbeeren
etwas Honig
1 Ei
10 ml Milch

1 Mehl, Salz und Zucker mischen. Die Butter würfeln und grob unter den Teig bröseln. Das Wasser hinzufügen und alles rasch zu einem glatten Teig verkneten. Zu einer Kugel formen, in Frischhaltefolie wickeln und 30 Minuten im Kühlschrank kalt stellen.

2 Den Ofen auf 180 °C Ober-/Unterhitze vorheizen und ein Backblech mit Backpapier belegen. Den Teig rund ausrollen und auf das Blech legen. Beeren waschen, mittig auf der Galette verteilen und mit Honig beträufeln. Den freigelassenen Rand leicht über die Füllung klappen und festdrücken.

3 Das Eigelb verquirlen, mit der Milch vermischen und den Rand damit bestreichen. Die Galette 30 Minuten goldbraun backen.

Tipp

Besonders dekorativ wirkt die Galette mit kleinen, aus Teig ausgestochenen Herzen, die auf den Beeren verteilt werden.

MEINE
REZEPTE

MENU

Schoko-Minz-
CUPCAKES

1 Die Butter schmelzen. Schokolade im Wasserbad schmelzen. Muffinform mit 12 Papierförmchen auslegen. Ofen auf 180 °C Ober-/Unterhitze vorheizen. Eier, Zucker und Vanillezucker schaumig schlagen. Geschmolzene Butter mit der Milch mischen und unter die Eiermischung rühren. Mehl, Backpulver, Salz und Kakaopulver vermischen und mit einem Teigschaber unterheben. Zuletzt die Schokolade unter den Teig mischen. Diesen in die Muffinform geben und jedes Förmchen zu zwei Dritteln befüllen. 6 Schokotäfelchen halbieren und je eine Hälfte in die Cupcakes stecken. 15–20 Minuten im vorgeheizten Ofen backen. Die Muffins warm aus der Muffinform lösen und auf einem Kuchengitter abkühlen lassen.

2 Magerquark mit Puderzucker und Kakaopulver vermischen. Mascarpone cremig rühren und die Magerquarkmischung vorsichtig mit einem Teigschaber unterheben. In einen Spritzbeutel mit Sterntülle füllen und die Cupcakes damit verzieren. Schokotäfelchen vierteln und je zwei Stücke in das Frosting stecken. Bis zum Servieren kühl stellen.

ZUTATEN

FÜR 12 STÜCK

- 50 g Butter
- 50 g Zartbitterschokolade
- 2 Eier
- 100 g Zucker
- 1 Päckchen Vanillezucker
- 100 ml Milch
- 150 g Mehl
- 2 TL Backpulver
- 1 Prise Salz
- 3 EL Kakaopulver
- 12 Schoko-Minze-Täfelchen

FÜR DAS FROSTING

- 125 g Magerquark
- 50 g Puderzucker
- 2 EL Kakaopulver
- 250 g Mascarpone

AUSSERDEM

- offene Sterntülle ⌀ 1,4 cm

Tipp

Je größer die Spritztülle ist, desto hübscher lässt sich das Frosting auf die Cupcakes spritzen.

Herzkekse am Stiel

Zutaten

Für 20 Stück

- 50 g Schoko-Minze-Täfelchen
- 125 g weiche Butter
- 50 g Puderzucker
- 1 Prise Salz
- 1 Ei
- 250 g Mehl
- 1 TL Backpulver
- 2 EL Kakaopulver

Außerdem

- 100 g Zartbitterkuvertüre
- Schaschlickspieße (Spitzen mit einer Kneifzange abzwicken)

1 Würfeln Sie die Schoko-Minze-Täfelchen, geben Sie sie zusammen mit der Butter, dem Puderzucker und dem Salz in eine Rührschüssel und verrühren Sie alles mit den Knethaken eines Handrührgerätes. Das Ei hinzufügen und unterrühren. Mehl, Backpulver und Kakao mischen und zum Teig geben. Die Zutaten zu einem glatten Teig verkneten und etwa 2 Stunden kalt stellen.

2 Den Teig auf einer bemehlten Arbeitsfläche dünn ausrollen und mit Herzförmchen ausstechen. Die Herzen auf ein mit Backpapier ausgelegtes Backblech setzen. Den Backofen auf 160 °C Ober-/Unterhitze vorheizen.

3 Die Kekse im vorgeheizten Backofen auf mittlerer Schiene etwa 12 Minuten backen, anschließend auskühlen lassen.

4 Lassen Sie die Kuvertüre im warmen Wasserbad schmelzen und bestreichen Sie jeweils eine Herzhälfte der Kekse damit. Lassen Sie die Glasur trocknen und bestreichen Sie die untere Seite. Legen Sie je einen Schaschlikspieß als Stiel zwischen die Kekse, drücken Sie je zwei Rückseiten zusammen und lassen Sie sie trocknen. Dann können die Kekse verpackt werden.

Kühl und trocken gelagert sind die Kekse 4 Wochen haltbar.

Für dich!
Für dich!

Blau-weiße

Manschetten

FÜR DIE KEKSE

1 Schneiden Sie einen Streifen aus festem Transparentpapier (6 cm x 15 cm) und einen Streifen aus dem Scrapbook-Papier (5 cm x 15 cm) zu. Falten Sie beide Streifen einmal in der Mitte und jeweils 1 cm von den kurzen Seiten entfernt und kleben Sie das Scrapbook-Papier auf das Transparentpapier. Stanzen Sie dann mit der Lochzange ein kleines Loch in die umgeklappten Seiten und schneiden Sie den Steg vom Rand her ein.

2 Drucken Sie dann den Text auf das weiße Papier und schneiden Sie kleine Fähnchen mit den Maßen 1,2 cm x 5 cm zu. Stanzen Sie anschließend zwei Schmetterlinge aus Transparentpapier aus und lochen Sie sie in der Mitte. An den unteren Schmetterling wird das Fähnchen geklebt. In die linke obere Ecke ein Loch in den Streifen stanzen. Die Klammer durch beide Schmetterlinge führen und durch das Loch im Streifen stecken. Nun fehlt noch das Embellishment.

3 Legen Sie den Streifen um den Keks am Stiel und führen Sie den Stiel durch die Löcher, sodass beide Laschen übereinanderliegen. Das Ganze mit doppelseitigem Klebeband zusammenkleben.

MATERIAL

Scrapbook-Papier in Blau-Weiß kariert
festes Transparentpapier in Weiß
Musterbeutelklammern (Brads) in Blau-Grüntönen, ø ca. 5 mm
Kopierpapier in Weiß
Embellishment mit Blumenmotiv, ø ca. 1,5 cm
doppelseitiges Klebeband
Motivlocher „Schmetterling“, ca. 3 cm breit
Lochzange
Drucker

Smiley-Macarons

1 Den Teig für die Macarons zubereiten (siehe Seite 126) und mit der gelben Lebensmittelfarbe einfärben.

2 Mit einem dünnen Pinsel und schwarzer Farbe die Gesichtszüge der Smileys auf eine Hälfte der Macarons aufmalen. Die roten herzförmigen Streusel können dabei als Augen benutzt werden. Diese am besten mit dem Zuckerkleber aufbringen.

3 Die Macarons mit weißer Schokoladencreme (siehe Seite 127) füllen und zusammensetzen.

Vorlage siehe Seite 134

Zutaten

FÜR 20 STÜCK

Macarons-Grundteig (siehe Seite 126)
Lebensmittelfarbe in Gelb

FÜR DIE DEKORATION

Lebensmittelfarbe in Schwarz zum Bemalen
rote Herzstreusel
Zuckerkleber

FÜR DIE FÜLLUNG

weiße Schokoladencreme (siehe Seite 127)

AUSSERDEM

dünner Pinsel

Verpackungsidee

In einer stilvollen Schachtel mit Deckel machen die Macarons gleich mehr her! Und sie kommen garantiert heil an. Eine Vorlage hierfür finden Sie auf Seite 140.

SCHOKO-MARSHMALLOW

Schoko-Marshmallow-Muffins

Einfüllen

Alle Zutaten in der hier angegebenen Reihenfolge ins Weckglas einfüllen und andrücken: erste Hälfte der Mehlmischung (Weizenmehl, Natron, Backpulver und Salz vermengen), erste Hälfte des Zuckers, gehackte Schokolade, zweite Hälfte der Mehlmischung, zweite Hälfte des Zuckers, Vollkornmehl, Kakaopulver, Mini-Marshmallows. Das Glas verschließen und verzieren.

Verzieren

1 Das Schokoladenmotiv auf weißen Karton stempeln und mit dem kleinen Kreisstanzer ausstanzen. Mit Fineliner beschriften.

2 Einen größeren braunen Kreis ausstanzen.

3 Das gepunktete Band mit den Klebepads zwischen den Kreisen befestigen, beidseitig am Glas nach unten führen und mit Klebepads am Glasboden festkleben.

Backen

1 Ei, Rapsöl und Buttermilch verquirlen. Die Backmischung unterrühren.

2 Den Backofen auf 180 °C Ober-/Unterhitze vorheizen. Ein Muffinblech mit Backförmchen auslegen und den Teig auf die Vertiefungen verteilen.

3 Die Muffins 20 Minuten im Backofen backen. Im Blech oder auf einem Kuchengitter auskühlen lassen.

Zutaten

FÜR 8 MUFFINS

WECK®-Zylinderglas (600 ml)
75 g Weizenmehl (Type 405)
¼ TL Natron
¼ TL Backpulver
1 Prise Salz
100 g brauner Zucker
100 g dunkle Schokolade (50 % Kakao)
75 g Vollkornmehl
15 g Kakaopulver
30 g Mini-Marshmallows

ZUM BACKEN

1 Ei
70 ml Rapsöl
150 ml Buttermilch
8 Muffinförmchen aus Papier

Material

Fotokartonreste in Weiß und Braun
Dekoband in Braun-Weiß gepunktet, 1,3 cm breit, 50 cm lang
Motivstempel: Schokolade
Stempelkissen in Dunkelbraun
Motivstanzer „Kreis", ø 3,5 cm (1 3/8 Zoll) und ø 4,4 cm (1 3/4 Zoll)
Fineliner in Schwarz
2 Klebepads, 1 mm stark

BISKUITROLLE mit Entchenmuster

1 Dekorteig wie auf Seite 118 beschrieben zubereiten. Zwei Drittel des Teigs mit 2 EL gelber Lebensmittelfarbe, den Rest mit je 1 Msp. oranger und schwarzer Lebensmittelfarbe einfärben.

2 Den Ofen auf 180 °C Ober-/Unterhitze vorheizen, die Vorlage auf ein geeignetes Backblech und darauf die Silikonmatte legen. Mit dem schwarzen Dekorteig die Flügel auftragen. Um saubere, scharfe Konturen zu erzielen, das Backblech für 15 Minuten einfrieren.

3 Danach mit dem gelben Dekorteig die Ente nachzeichnen und in Orange die Schnäbel ergänzen. Die Enten nun für 3 Minuten bei 180 °C auf der mittleren Schiene backen.

4 Währenddessen den Biskuit wie auf Seite 117 beschrieben herstellen. Anstelle der 26 g Mehl nur 20 g Mehl verwenden und den Biskuit mit 6 g Kakaopulver dunkel färben. Den Teig gleichmäßig auf dem vorgebackenen Muster verteilen. Mit der flachen Hand gegen den Blechboden klopfen, um Luftblasen zu vermeiden. Kuchen 10 Minuten bei 180 °C Ober-/Unterhitze im Backofen backen.

5 Den Kuchen ca. 5 Minuten auskühlen lassen, mit einem Messer vom Rand des Backblechs lösen und auf ein Stück Backpapier stürzen. Backmatte und Vorlage vorsichtig entfernen. Den lauwarmen Kuchen mit einem scharfen Messer zurechtschneiden und mit einem zweiten Stück Backpapier bedecken.

6 Mit dem Dekor nach unten vorsichtig und langsam einrollen. Weitere 15 Minuten auskühlen lassen. Dann den Kuchen wieder ausrollen und den Sirup (siehe Seite 119) auf die Innenseite des Kuchens geben.

7 Die Creme von Seite 120 gleichmäßig auf die Kuchenplatte streichen. Mit kleinen Mangostückchen füllen und erneut aufrollen. Die fertige Kuchenrolle im Kühlschrank ca. 15 Minuten ruhen lassen.

Vorlage siehe Seite 133

ZUTATEN

Biskuit-Grundteig
(siehe Seite 117)
zzgl. 2 EL Kakaopulver
Dekor-Grundteig
(siehe Seite 118)
zzgl. 2 EL gelbe
Lebensmittelfarbe
zzgl. je 1 Msp. Lebensmittelfarbe
in Orange und Schwarz

SIRUP

(siehe Seite 119)
zzgl. Kakaolikör

FÜR DIE FÜLLUNG

(siehe Seite 120)
zzgl. 2 EL Mangokonfitüre
zzgl. 1 Mango

AUSSERDEM

Silikonbackmatte

MONSTER-Macarons

1 Den Teig für die Macarons zubereiten (siehe Seite 126) und mit blauer Lebensmittelfarbe einfärben. Die Macarons wie im Grundrezept beschrieben backen.

2 Kokosraspel mit etwas blauer Farbe in einer kleinen Schüssel verrühren. Dabei so viel Farbe verwenden, bis die Kokosraspel einen schönen Farbton annehmen.

3 Für die Augen den Fondant dünn ausrollen und mit einem kleinen Ausstecher (oder der Spitze einer Spritztülle) vierzig 5 mm große Kreise ausstechen. Auf jeden dieser Kreise einen schwarzen Punkt als Pupille aufmalen.

4 Die Hälfte der Macaronschalen mit Zuckerkleber bestreichen und anschließend sofort mit den gefärbten Kokosraspeln bestreuen. Auf jede dieser Schalen zwei Augen kleben.

5 Die Füllung von Seite 127 zubereiten. Auf die nicht dekorierten Macaronschalen etwas Vollmilchschokoladencreme geben, einen kleinen Keks in die Creme drücken und eine dekorierte Macaronschale daraufsetzen.

Zutaten

FÜR 20 STÜCK

Macarons-Grundteig (siehe Seite 126)
Lebensmittelfarbe in Blau

DEKORATION

30 g Kokosraspel
Lebensmittelfarbe in Blau
30 g Fondant
Lebensmittelfarbe in Schwarz zum Bemalen
kleine Kekse
Zuckerkleber

FÜR DIE FÜLLUNG

Vollmilchschokoladencreme (siehe Seite 127)

AUSSERDEM

dünner Pinsel

Verpackungsidee

Damit die Monster unterwegs nicht verloren gehen, können Sie sie in einer hübschen Schachtel transportieren. Eine Vorlage hierfür finden Sie auf Seite 140.

Prinzessinnen-Cupcakes

Zutaten

FÜR 12 CUPCAKES

Vanilleteig (siehe Seite 128)
Swiss-Meringue-Buttercreme (siehe Seite 129)
12 Erdbeeren
ca. 100 ml Erdbeerpüree
150 g Fondant in Rosa
Zuckerkleber
Zuckerperlen

AUSSERDEM

Papierförmchen in Metallic-Pink
geschwungene Sterntülle, ø 1,5 cm

1 Rühren Sie den Teig nach dem Grundrezept von Seite 128 an. In Förmchen füllen, den Teig mit klein geschnittenen Erdbeeren belegen und wie angegeben backen. Die Swiss-Meringue-Buttercreme (siehe Seite 129) mit dem Erdbeerpüree verfeinern und auf die ausgekühlten Cupcakes spritzen.

2 Nehmen Sie für die Krönchen ca. 150 g Fondant in Rosa und kneten Sie ihn kurz durch. Mit Speisestärke bestäuben, um unnötiges Ankleben zu vermeiden. Rollen Sie den Fondant mithilfe eines Rollstabs auf eine Dicke von ca. 3 mm aus und schneiden Sie die Kronenform mit einem scharfen Messer mithilfe der Vorlage auf Seite 134 aus.

3 Legen Sie die Kronenenden ringförmig zusammen und kleben Sie die in der Vorlage gekennzeichneten Stellen mit ein wenig Wasser oder Zuckerkleber zusammen. Die Krone aufstellen und die Kronenzacken ggf. mit etwas Wasser und Zuckerperlen verzieren, solange der Fondant noch weich ist. Lassen Sie die Krönchen einige Stunden trocknen, bevor Sie sie auf die Cupcakes setzen.

Tipp

Um eine rosa Farbe zu bekommen, können Sie anstatt Vanillepuddingpulver auch Erdbeerpuddingpulver verwenden oder den Vanillepudding mit rosa Lebensmittelfarbe einfärben.

Verpackungsidee

Wie wär's mit einer stilechten Schachtel im Prinzessinnen-Look dazu? Eine passende Vorlage finden Sie auf Seite 139.

Vorlage siehe Seite 134

Keksplätzchen zur Geburt

1 Den Teig (siehe Seite 114) ausrollen und 20 Eier ausstechen. Nach Grundrezept backen.

2 Die Spritzglasur von Seite 114 mit wenigen Tropfen Zitronensaft oder Wasser zu einem Konturenguss verdünnen und in 3 Schälchen aufteilen. Einen Teil weiß lassen, einen Teil rosa und einen Teil grün färben. Von jeder Farbe etwa ein Drittel in kleine Spritzbeutel geben, den restlichen Guss jeder Farbe zu Ausfüllguss verdünnen und in Spritzbeutel oder Spritzflaschen füllen.

3 Mit Konturenguss Lätzchen auf die Kekse malen. 3 Minuten antrocknen lassen. Danach die Innenflächen mit dem Ausfüllguss einer anderen Farbe ausmalen.

4 Mit Konturenguss eine Borte auf die Lätzchen spritzen. Die Glasur gut trocknen lassen.

5 Auf die trockene Glasur zunächst mit Konturenguss kleine Fliegenpilze spritzen und anschließend mit Ausfüllguss ausmalen.

Zutaten

Für 20 Stück

- 1 Grundrezept Mürbeteig (siehe Seite 114)
- 1 Grundrezept Spritzglasur (siehe Seite 114)
- Lebensmittelfarbe in Rosa und Grün
- Ausstechform „Ei", ca. 6 cm hoch

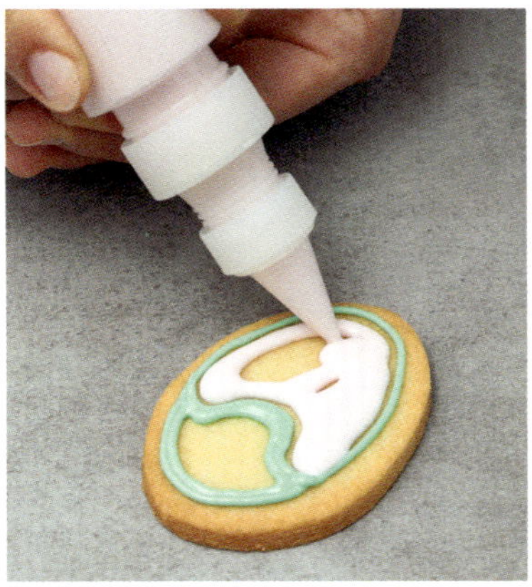

Cake Pops mit Ornamenten

1 Den Grundteig wie auf Seite 124 beschrieben zubereiten. Füllen Sie den Teig in einen Spritzbeutel (ersatzweise eine Plastiktüte nehmen) und spritzen Sie den Teig in die Cake-Pop-Mulden.

2 Geben Sie nun auf die Teigoberfläche eine Amarenakirsche und drücken Sie sie etwas in den Teig. Die Cake Pops ca. 12 bis 18 Minuten goldbraun backen, herausnehmen, abkühlen lassen. Wiederholen Sie den Vorgang, bis der Teig aufgebraucht ist.

3 Anschließend die rosa Schmelzdrops schmelzen und einen Cake-Pop-Stiel etwa 1 ½ cm tief in die Schokomasse eintauchen. Stecken Sie anschließend den Stiel in den Cake Pop und geben Sie die Cake Pops 15 Minuten in den Kühlschrank.

4 Schmelzen Sie die rosa Schmelzdrops erneut. Sollte die Masse noch zu fest sein, etwas Kokosfett unterrühren. Die vorbereiteten Cake Pops nun nacheinander in die flüssige Schokomasse tauchen, herausnehmen und mit dem Stiel den Cake Pop leicht gegen das Glas der Schüssel klopfen, damit der überschüssige Guss abtropfen kann.

5 Verrühren Sie für den Zuckerguss 2 EL Wasser mit dem Puderzucker und dem Kakao zu einer glatten Masse. Sollte die Masse noch zu fest sein, noch etwas Flüssigkeit zugeben. Füllen Sie den Zuckerguss in einen Spritzbeutel mit Lochtülle. Spritzen Sie nun mit dem Spritzbeutel Ornamente auf die Cake Pops.

6 Dekorieren Sie die Cake Pops mit den Zuckerperlen, solange der Zuckerguss noch feucht ist. Die Zuckerperlen am besten mit einer Pinzette an den gewünschten Stellen platzieren.

Zutaten

FÜR 16 CAKE POPS

½ Grundteig für gebackene Cake Pops (siehe Seite 124)
Amarenakirschen
200 g Schmelzdrops in Rosa
Kokosfett
2–3 EL Wasser oder Zitronensaft
200 g Puderzucker
3 EL Kakaopulver, entölt, ohne Zuckerzusatz
Zuckerperlen in Rosa und Weiß

AUSSERDEM

16 Cake-Pop-Stiele

Vorlage Kirschen
siehe Seite
135

FRUCHTIGE Kirschrolle

1 Den Dekorteig wie auf Seite 118 beschrieben zubereiten. Eine Hälfte mit grüner, die andere Hälfte mit roter Lebensmittelfarbe einfärben. Den Backofen auf 180 °C Ober-/Unterhitze vorheizen.

2 Vorlage auf ein geeignetes Backblech und darauf die Backmatte legen. Nun das Kirschmuster mit dem Dekorteig nachzeichnen. Um unschöne Farbverläufe zu vermeiden, Backblech nach dem Aufspritzen jeder Farbe für ca. 15 Minuten einfrieren. Das fertige Dekor für 3 Minuten im vorgeheizten Backofen backen.

3 Biskuit wie auf Seite 117 beschrieben zubereiten und den Teig vorsichtig auf den Kirschen verteilen. Von unten gegen das Blech klopfen, um Luftblasen zu vermeiden. Den Kuchen 10 Minuten bei 180 °C Ober-/Unterhitze auf der mittleren Schiene im Ofen backen.

4 Kuchen ca. 5 Minuten auskühlen lassen. Mit einem langen, scharfen Messer vom Backblech lösen und auf Backpapier stürzen. Backmatte und Vorlage entfernen. Kuchen zurechtschneiden und mit einem zweiten Stück Backpapier bedecken.

5 Mit dem Dekor nach unten locker aufrollen und weitere 15 Minuten auskühlen lassen. Kuchen wieder ausrollen und mit Sirup (siehe Seite 119) bestreichen.

6 Die Creme von Seite 120 vorbereiten und gleichmäßig auf der Kuchenplatte verteilen. Mit Kirschkompott oder frischen, entsteinten Kirschen füllen und erneut aufrollen. Die fertige Rolle für etwa 15 Minuten im Kühlschrank ruhen lassen.

ZUTATEN

Biskuit-Grundteig (siehe Seite 117)
Dekor-Grundteig (siehe Seite 118)
je 1 Msp. Lebensmittelfarbe in Grün und Rot
Sirup (siehe Seite 119)
zzgl. 2 cl Kirschwasser

FÜR DIE FÜLLUNG

(siehe Seite 120)
zzgl. 2 EL Kirschkonfitüre
zzgl. 4–5 EL Kirschkompott oder eine Hand voll entsteinte Kirschen

AUSSERDEM

Silikonbackmatte

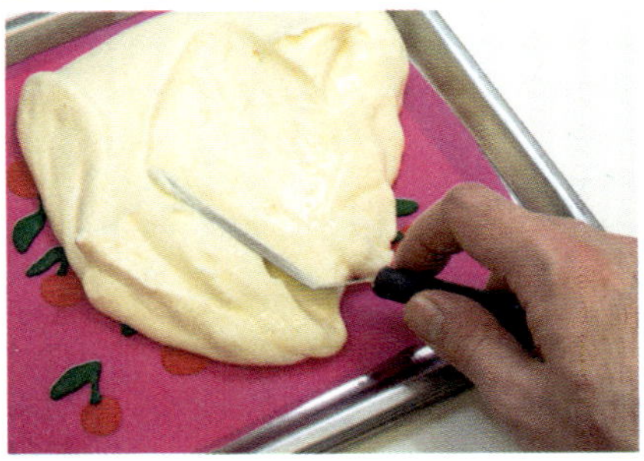

Erdbeer-Macarons

Zutaten

FÜR 20 STÜCK

Macarons-Grundteig (siehe Seite 126)
Lebensmittelfarbe in Rot

FÜR DIE DEKORATION

30 g Fondant
Lebensmittelfarbe in Grün
Zuckerstreusel in Gelb
Zuckerkleber

FÜR DIE FÜLLUNG

Buttercreme (siehe Seite 127)
1 EL Erdbeerkonfitüre

AUSSERDEM

Lochtülle

1 Den Teig für die Macarons zubereiten (siehe Seite 126) und mit roter Lebensmittelfarbe einfärben. Mithilfe der Vorlage Ovale auf das Backpapier zeichnen und so die Macarons spritzen.

2 Nach der Hälfte der Trockenzeit gelbe Zuckerstreusel auf die Hälfte der Macarons geben und anschließend wie im Grundrezept beschrieben backen.

3 Den Fondant grün einfärben und dünn ausrollen. Mit einem kleinen runden Ausstecher (z. B. der Spitze einer Spritztülle) sechzig etwa 5 mm große Kreise ausstechen. Von jedem dieser Kreise mithilfe desselben Ausstechers einen kleinen Teil abstechen, sodass ein Blatt entsteht.

4 Auf die Macarons, die vor dem Backen mit gelben Zuckerstreusel bestreut wurden, jeweils drei Blätter kleben. Dabei das mittlere Blatt über die zwei übrigen Blätter kleben.

5 Die Buttercreme (siehe Seite 127) mit Erdbeerkonfitüre verrühren, die Macarons damit füllen und zusammensetzen.

Vorlage siehe Seite 134

Kekskrönchen

1 Den Teig wie auf Seite 114 beschrieben herstellen, ausrollen und Kronen ausstechen. Nach Grundrezept backen.

2 Die Spritzglasur (siehe Seite 114) mit wenigen Tropfen Zitronensaft oder Wasser zu einem Konturenguss verdünnen und in 2 Schälchen aufteilen. Einen Teil zartgelb und einen Teil kräftig gelb färben. Von jeder Farbe etwa ein Drittel in kleine Spritzbeutel geben, den restlichen Guss jeder Farbe zu Ausfüllguss verdünnen und in Spritzbeutel oder Spritzflaschen füllen.

3 Die Kekse mit dem Konturenguss umranden und Streifen oder Ovale aufmalen. Die Linien etwa 3 Minuten trocknen lassen.

4 Die Keksinnenflächen mit dem Ausfüllguss ausmalen. Dabei die Streifen und Ovale aussparen. Lücken ggf. mit einem Zahnstocher schließen.

5 Zuckerperlen an den Kronenzacken auf den noch flüssigen Guss kleben.

6 Die ausgesparten Flächen mit Ausfüllguss in einer anderen Farbe füllen und anschließend mit Zuckerperlen dekorieren.

ZUTATEN

FÜR 25 STÜCK

Mürbeteig (siehe Seite 114)
Spritzglasur (siehe Seite 114)
Lebensmittelfarbe in Gelb
Zuckerperlen in Zartrosa, ø 5 mm
Ausstechform „Krone", ca. 9 cm breit und 4,5 cm hoch

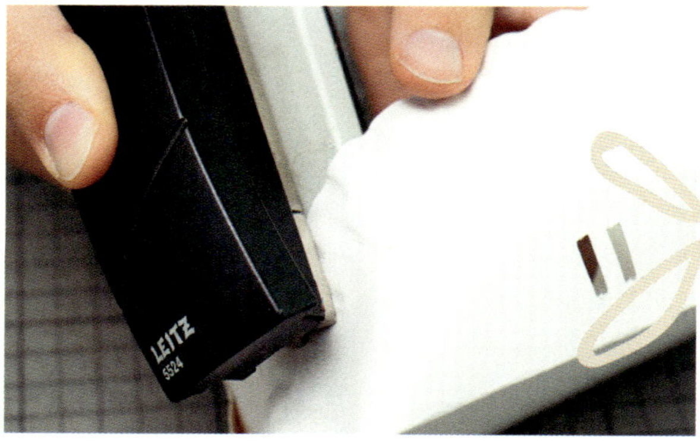
LEITZ
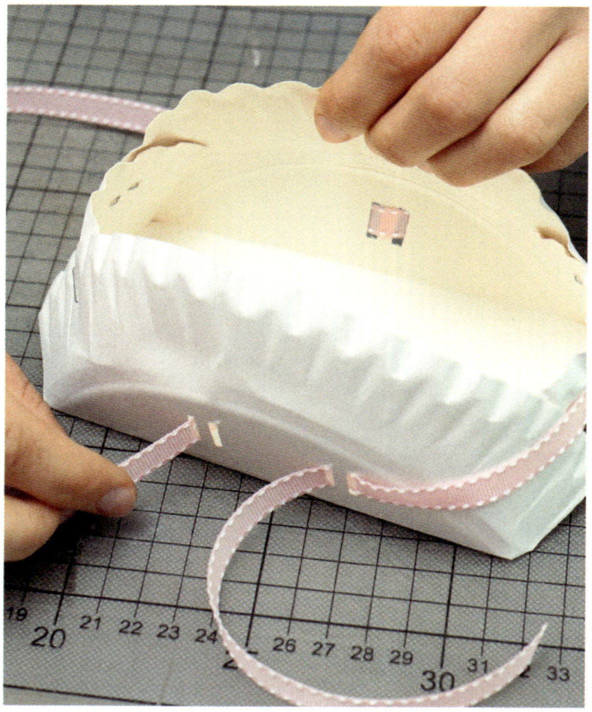

Schnelles KEKSKÖRBCHEN

1 Den Papptellerrand an zwei gegenüberliegenden Seiten mit je zwei Schnitten im Abstand von 4,5 cm einschneiden.

2 Die langen Tellerränder zwischen den gegenüberliegenden Seiten nach oben falten.

3 Zum Einfädeln des Bandes an einer langen Seite mit dem Cuttermesser einen doppelten Schlitz ausschneiden. Auf der gegenüberliegenden Seite zwei Doppelschlitze mit 4–5 cm Abstand ausschneiden. Die Länge der Schlitze entspricht jeweils der Breite des Geschenkbands.

4 Die kurzen Seiten nach innen einschlagen und die äußeren Seiten hochklappen und an den Ecken mit dem Tacker fixieren.

5 Das Geschenkband durch die Doppelschlitze ziehen und vorne zu einer Schleife binden.

MATERIAL

Pappteller in Weiß, ø 23 cm
Geschenkband, Farbe und Breite nach Wunsch, 80 cm lang
Schere
Cuttermesser und Schneidematte
Tacker

KOKOS
ANANAS
Muffins
MIT
ZITRONE

Kokos-Ananas-Muffins

Einfüllen

Das Weizenmehl mit dem Natron, dem Backpulver und der Zitronenschale mischen. In die Flasche einfüllen, mit einem Kochlöffel andrücken. Den Zucker dazugeben und andrücken. Anschließend die Kokosflocken und danach die klein geschnittenen Ananasstückchen in die Flasche geben und leicht andrücken. Die Flasche verschließen und verzieren.

Verzieren

1 Mit dem Computer die Schriftzüge auf einer Fläche von 7 cm x 8 cm gestalten und auf Kraftpapier ausdrucken.

2 Um die Schrift herum mit Bleistift die Silhouette einer Ananas zeichnen und mit einem Cuttermesser ausschneiden. Die Ananas auf den grünen Karton kleben und die Konturen mit einem Abstand von 2 mm zur Außenkante der braunen Ananas ausschneiden.

3 Den Anhänger mit der Ösenzange lochen und ggf. eine Metallöse einschlagen. Beide Bänder am Glashals verknoten und dann von hinten durch das Loch des Anhängers fädeln. Vorne zu einer Schleife binden.

Backen

1 Das Ei mit dem Rapsöl verrühren, danach den Joghurt und zum Schluss die Backmischung unterrühren.

2 Den Backofen auf 180 °C Ober-/Unterhitze vorheizen. Ein Muffinblech mit Backförmchen auslegen und den Teig auf die Vertiefungen verteilen.

3 Die Muffins 20 Minuten im Backofen backen und im Blech oder auf einem Kuchengitter auskühlen lassen.

Zutaten

FÜR 6 MUFFINS

WECK®-Saftflasche (530 ml)
150 g Weizenmehl
1 TL Backpulver
½ TL Natron
½ TL Abrieb von einer Bio-Zitrone
90 g brauner Zucker
40 g Kokosflocken
100 g Ananasstückchen, getrocknet

ZUM BACKEN

1 Ei
50 ml Rapsöl
150 g Joghurt
6 Muffinförmchen aus Papier

Material

Kraftpapier, A4
Fotokarton in Grün, 15 cm x 10 cm
Satinband in Grün, 1 cm breit, 20 cm lang
Organzaband in Grün, 5 mm breit, 20 cm lang
Bleistift
Cuttermesser mit Schneideunterlage
Ösenzange
ggf. Metallöse
Klebstoff

Geschenk-Macarons

Zutaten

FÜR 20 STÜCK

Macarons-Grundteig
(siehe Seite 126)
Lebensmittelfarbe nach Wahl

FÜR DIE DEKORATION

100 g Fondant
Zuckerkleber

FÜR DIE FÜLLUNG

Zartbitterschokoladencreme
(siehe Seite 127)
Abrieb von ½ Bio-Orange

AUSSERDEM

Silikonform für die Schleifen

1 Den Teig für die Macarons wie auf Seite 126 beschrieben zubereiten und mit Lebensmittelfarbe einfärben. Mithilfe der Vorlage Quadrate auf das Backpapier zeichnen und so viereckige Macarons auf das Blech spritzen. Die Macarons backen.

2 Für die Schleifen kleine Portionen des Fondants in die Vertiefungen der Silikonform drücken. Den Fondant antrocknen lassen. Besonders schnell geht das, wenn man die Form für 1 Minute ins Eisfach stellt. Dann den überschüssigen Fondant mit einem scharfen Messer abschneiden und die Form noch einmal ins Eisfach stellen. Anschließend die Schleifen aus der Form lösen. Zwanzig Schleifen herstellen.

3 Den restlichen Fondant dünn ausrollen und mit einem scharfen Messer vierzig 6 cm lange und 3–5 mm breite Streifen zurechtschneiden.

4 Die Hälfte der Macaronschalen mit den Fondantbändern und Schleifen, wie auf dem Bild zu sehen, dekorieren.

5 Die Zartbitterschokoladencreme von Seite 127 zubereiten und mit Orangenschale aufschlagen. Dann die Macarons damit füllen.

Verpackungsidee

Um die Macarons als liebevolles Geschenk überreichen zu können, legen Sie sie einfach in eine passende Schachtel mit Deckel. Diese können Sie farblich passend zum Inhalt gestalten. Eine Vorlage hierfür finden Sie auf Seite 140.

Vorlage siehe Seite 134

FÜR DIE
BESTE
MAMA

Kekse zum Muttertag

1 Den Teig ausrollen, dann Blumen und Schmetterlinge ausstechen. Nach dem Grundrezept von Seite 114 backen.

2 Die Spritzglasur (siehe Seite 114) mit wenigen Tropfen Zitronensaft oder Wasser zu einem Konturenguss verdünnen und in 4 Schälchen aufteilen. Einen Teil weiß lassen, einen Teil gelb, einen Teil rosa und einen Teil pink färben.

3 Jeweils etwas Guss in einen Spritzbeutel füllen, den restlichen Guss jeder Farbe mit wenigen Tropfen Wasser zu einem Ausfüllguss verdünnen und ebenfalls in Spritzbeutel oder Spritzflaschen füllen.

4 Die Kekse mit dem Konturenguss umranden und etwa 5 Minuten trocknen lassen. Die Innenflächen mit dem Ausfüllguss komplett oder teilweise ausmalen. Lücken ggf. mit einem Zahnstocher schließen.

5 Ausgesparte Flächen ggf. mit einer anderen Farbe bemalen.

6 In den noch flüssigen Guss kleine Punkte spritzen und mit einem Zahnstocher zu einem Herz formen.

7 Solange der Guss noch flüssig ist, die Kekse mit Zuckerperlen verzieren.

8 Auf die trockene Glasur mit dem restlichen Konturenguss Muster aufmalen.

Zutaten

FÜR 20 STÜCK

1 Grundrezept Mürbeteig (siehe Seite 114)
1 Grundrezept Spritzglasur (siehe Seite 114)
Lebensmittelfarbe in Rosa und Gelb
Zuckerperlen in Weiß, ø 3 mm
Ausstechformen „Blume", ø 6 cm, und „Schmetterling", 6 cm hoch

AUSSERDEM

Zahnstocher

EINFACHE Kekstütchen

1 Buntes Papier in der Größe der Tüte zurechtschneiden und in die Tüte hineinschieben.

2 Für die Verschlusslasche Papier in zwei unterschiedlichen Farben bzw. Mustern zu 6 cm breiten Streifen zurechtschneiden. Die Streifenlänge entspricht der Tütenbreite. Einen Streifen ca. 0,5 cm kürzen, sodass der andere Streifen darunter hervorsteht. Die Streifen mittig falten.

3 Die gefalteten Streifen über die Tütenöffnung schieben und mit dem Locher mittig ein Loch ausstanzen.

4 Mit einem Stück Geschenkband verschließen.

MATERIAL

Zellophantütchen
Tonkarton oder Scrapbookpapier, Farben und Muster nach Wunsch
Geschenkband, Farbe nach Wunsch, Rest
Lineal
Cuttermesser und Schneidematte
Locher

Süße Frühlings-Cupcakes

1 Den Vanilleteig von Seite 128 anrühren, in die Backförmchen füllen und jeweils 2–3 frische Himbeeren auf den Teig geben. Wie angegeben backen und dann gut auskühlen lassen.

2 Stellen Sie die Swiss-Meringue-Buttercreme wie auf Seite 129 beschrieben her und vermischen Sie sie mit dem Himbeerpüree. Je mehr Püree Sie verwenden, desto dunkler wird die Creme. Dann die Creme mit der Lochtülle auf die Cupcakes aufspritzen und kalt stellen.

3 Zuletzt Fondant-Blümchen in Rosa und Pink sowie grüne Blätter anfertigen (siehe Seite 131) und die Cupcakes damit verzieren.

Zutaten

FÜR 12 CUPCAKES

- Vanilleteig (siehe Seite 128)
- Swiss-Meringue-Buttercreme (siehe Seite 129)
- 30–40 frische Himbeeren
- 100 ml Himbeerpüree
- ca. 30–40 Zuckerblumen in Rosa und Pink
- ca. 10–15 Zuckerblätter in Grün

AUSSERDEM

- Papierförmchen in Pink und Rosa
- Lochtülle, ø 1,5 cm

Verpackungsidee

Die Cupcakes lassen sich gut in einer kleinen Schachtel transportieren und verschenken. Eine Vorlage hierfür finden Sie auf Seite 139.

Muffins mit Marmeladenfüllung

Zutaten

Für 10 Muffins

WECK®-Saftflasche (530 ml)
Marmeladenglas nach Wunsch
150 g Weizenmehl (Type 405)
½ TL Natron
1 TL Backpulver
90 g brauner Zucker
50 g zarte Haferflocken
50 g Haselnüsse, fein gemahlen

Zum Backen

1 Ei
50 ml Rapsöl
150 g Joghurt
10 TL rote Konfitüre

Einfüllen

Das Weizenmehl mit dem Natron und dem Backpulver mischen und in die Flasche füllen, mit einem Kochlöffel andrücken. Den Zucker dazugeben und andrücken. Die Haferflocken hinzufügen und andrücken. Die Haselnüsse in die Flasche geben und ebenfalls leicht andrücken. Die Flasche verschließen und verzieren.

Verzieren

1 Aus dem roten Karton einen großen Kreis ausstanzen. Aus dem karierten Karton ein Herz ausstanzen und das Negativ mit dem kleinen Kreisstanzer ausstanzen. Den Kreis mit Klebepads auf den roten Kreis und das Ganze auf den Flaschendeckel kleben.

2 Den Anhänger mit Fineliner beschriften. Das karierte Herz auf den Anhänger kleben. Den Anhänger mit Bäckergarn am Flaschenhals befestigen.

3 Den Marmeladenglasdeckel wie in Schritt 1 beschrieben dekorieren. Den Löffel bestempeln und mit Bäckergarn anbinden.

Backen

1 Ei und Rapsöl verrühren. Den Joghurt und anschließend die Backmischung unterrühren.

2 Den Backofen auf 180 °C Ober-/Unterhitze vorheizen. Ein Muffinblech mit Backförmchen auslegen und die Hälfte des Teigs auf die Vertiefungen verteilen. Jeweils 1 TL rote Konfitüre einfüllen und den restlichen Teig auf die Vertiefungen verteilen.

3 Die Muffins 20 Minuten im Backofen backen und im Blech oder auf einem Kuchengitter auskühlen lassen.

MATERIAL

- Fotokartonrest in Rot
- Kartonrest in Rot-Weiß kariert
- Kartonanhänger in Weiß, 8 cm x 5 cm
- Bäckergarn in Rot-Weiß
- Einweglöffel aus Holz, 11 cm lang
- Motivstanzer „Kreis“, ø 4,4 cm (1 ¾ Zoll) und 5 cm (2 Zoll)
- Motivstanzer „Herz“, ø 2 cm
- Holzstempel „Probier mich“
- Fineliner in Dunkelbraun
- 10 Klebepads, 1 mm stark

Bunt verzierte CAKE POPS

1 Befestigen Sie zunächst die Cake-Pop-Stiele wie in der Grundanleitung auf Seite 124 beschrieben.

2 Schmelzen Sie die Schmelzdrops und geben je Sie nach Konsistenz noch etwas Kokosfett hinzu. Die vorbereiteten Cake Pops nun nacheinander in die flüssige Schokomasse tauchen, herausnehmen und mit dem Stiel den Cake Pop leicht gegen das Glas klopfen, damit der überschüssige Guss abtropfen kann. Je fünf Cake Pops in Weiß und Braun färben, abtropfen und trocknen lassen. Die restlichen zehn Cake Pops in die rote Schokolade tauchen.

3 Bestreuen Sie 5 der Cake Pops vor dem Trocknen mit den rot-weißen Zuckerperlen und lassen Sie sie trocknen. Am besten streuen Sie die Zuckerperlen über einem tiefen Teller auf die Cake Pops, dann können die überschüssigen Streusel mit einem Trichter anschließend wieder in den Behälter zurückgefüllt werden.

4 Tauchen Sie den Pinsel in die rote Glasur, verzieren Sie die braunen und weißen Cake Pops und lassen Sie sie trocknen.

ZUTATEN

FÜR 20 CAKE POPS

Grundteig für gebackene Cake Pops (siehe Seite 124)

200 g Schmelzdrops in Rot
200 g Schmelzdrops in Braun
200 g Schmelzdrops in Weiß
Kokosfett
Zuckerperlen in Rot und Weiß
Pinsel

AUSSERDEM

20 Cake-Pop-Stiele

Verpackungsidee

Die Cake Pops lassen sich gut einzeln verpackt oder in einem hübsch verzierten Einmachglas verschenken.

Biskuitrolle mit Streifen und Punkten

1 Dekor-Grundteig vorbereiten (siehe Seite 119). Den Teig mit 2 EL Kakaopulver einfärben. Backofen auf 180 °C Ober-/Unterhitze vorheizen.

2 Backblech mit Vorlage und Backmatte auslegen. Mithilfe eines Spritzbeutels Linien und Punkte nachzeichnen und das Ganze für 3 Minuten auf der mittleren Schiene des Backofens backen.

3 In der Zwischenzeit den Biskuit wie auf Seite 117 beschrieben zubereiten und gleichmäßig auf dem vorgebackenen Muster verteilen. Im vorgeheizten Ofen 10 Minuten backen.

4 Den Kuchen etwa 5 Minuten auskühlen lassen, mit einem Messer aus dem Blech lösen und auf ein Stück Backpapier stürzen. Silikonmatte und Vorlage entfernen. Den lauwarmen Kuchen zurechtschneiden und mit einem zweiten Stück Backpapier bedecken.

5 Mit dem Dekor nach unten die Kuchenplatte vorsichtig aufrollen. Nochmals 15 Minuten auskühlen lassen. Kuchen wieder ausrollen und die Kucheninnenseite mit Sirup (siehe Seite 119) und Konfitüre bestreichen. Für die Füllung eine misslungene Biskuitplatte nehmen, mit der Mascarpone-Creme und Konfitüre bestreichen und aufrollen. Nun die Füllungsrolle in den Biskuit einrollen, fertig!

Zutaten

Biskuit-Grundteig
(siehe Seite 117)
Dekor-Grundteig
(siehe Seite 118)
zzgl. 2 EL Kakaopulver

Sirup
(siehe Seite 119)
zzgl. 2 cl Rum

FÜR DIE FÜLLUNG
(siehe Seite 120)
zzgl. Erdbeerkonfitüre glattgerührt
zzgl. 1 misslungene Biskuitplatte

AUSSERDEM
Silikonbackmatte

Vorlage siehe Seite 136

MATERIAL

- Schraubglas mit Deckel
- Keksausstecher „Herz"
- Heißklebepistole
- Sprühfarbe, Farbe nach Wunsch
- Backpapier oder eine andere Sprühunterlage

Dekorative Keksgläser

1 Den Keksausstecher mit Heißkleber auf den Schraubdeckel kleben.

2 Den Deckel mit dem Ausstecher auf Backpapier oder eine andere Unterlage legen und mit Sprühfarbe einsprühen.

KEKSGRUß zum Valentinstag

1 Den Teig ausrollen und Herzen in verschiedenen Formen und Größen ausstechen. Nach Grundrezept backen (siehe Seite 114).

2 Die Spritzglasur von Seite 114 mit wenigen Tropfen Zitronensaft oder Wasser zu einem Konturenguss verdünnen und in 2 Schälchen aufteilen. Einen Teil rosa, einen Teil rot färben. Nun von jeder Farbe etwa ein Drittel in kleine Spritzbeutel geben, den restlichen Guss jeder Farbe zu Ausfüllguss verdünnen und in Spritzbeutel oder Spritzflaschen füllen.

3 Die Kekse mit dem Konturenguss umranden, etwa 5 Minuten trocknen lassen und die Innenflächen mit dem Ausfüllguss ausmalen. Lücken ggf. mit einem Zahnstocher schließen.

4 Mit Ausfüllguss in einer anderen Farbe waagerechte Linien auf den noch flüssigen Guss malen.

5 Einen Zahnstocher einmal in der Mitte senkrecht durch die Linien ziehen, dabei die Linien im noch flüssigen Guss verwischen.

6 Den Zahnstocher links und rechts von der Mitte in die entgegengesetzte Richtung durch den noch flüssigen Guss ziehen.

7 Alternativ Punkte in den flüssigen Guss spritzen und mit einem Zahnstocher zu kleinen Herzen formen oder einfach Zuckerherzen auf die noch flüssige Glasur streuen.

ZUTATEN

FÜR 10 GROSSE UND 15 KLEINE KEKSE

1 Grundrezept Mürbeteig (siehe Seite 114)
1 Grundrezept Spritzglasur (siehe Seite 114)
Lebensmittelfarbe in Rosa und Rot
Streudekor „Zuckerherzen" in Rosa
Ausstechformen „Herz" ca. 5 cm und 8 cm hoch

AUSSERDEM

Zahnstocher

Herzhafte Leckereien

Knusprige Knabbereien, gesunde Brote und leckere Geschenkideen zum Verwöhnen und Genießen!

Rustikale BROTRINGE

ZUTATEN

FÜR 2 BROTRINGE

- 800 g Dinkelmehl (Type 630)
- 1 Würfel Hefe (42 g)
- 1–2 Prisen Zucker
- 300–400 ml lauwarmes Wasser
- 200 g gemischte Nüsse, grob gehackt
- 125 g ungeräucherter Speck, gewürfelt
- 1 mittlere Zwiebel, fein gewürfelt
- 50 g frisch geriebener Parmesan
- 70 g schwarze entsteinte Oliven
- 3 EL Kräuter der Provence (Rosmarin, Thymian, Oregano)
- 1–2 TL Cayennepfeffer
- 1 gestrichener TL Salz

AUSSERDEM

- 2 Blumenuntersetzer aus Ton (ø 24 cm)

1 Geben Sie für den Teig das Mehl in eine Schüssel und drücken Sie eine Mulde in die Mitte. Nun die Hefe hineinbröckeln, mit dem Zucker bestreuen und 2 bis 3 Esslöffel des lauwarmen Wassers darübergießen – nicht verrühren. Den Backofen auf 220 °C Ober-/Unterhitze vorheizen.

2 Rösten Sie die Nüsse in einer Pfanne, bis sie anfangen zu duften. Auf einen Teller zum Abkühlen geben. Lassen Sie den Speck in der gleichen Pfanne aus und geben Sie die Zwiebeln zu. Alles 2 bis 3 Minuten goldgelb andünsten.

3 Geben Sie nun den frisch geriebenen Parmesan, die Oliven, die Kräuter der Provence, den Cayennepfeffer und das Salz zum Teig. Vermischen Sie alles gut und gießen Sie 250 ml Wasser hinzu. Kneten Sie den Teig, bis er glatt und glänzend ist. Falls der Teig noch zu fest ist, noch etwas Wasser hinzugeben. Den Teig zu einer Kugel formen, in eine Schüssel legen und mit einem Tuch abdecken. Lassen Sie den Teig etwa 1 ½ Stunden an einem warmen Platz gehen, bis er sein Volumen verdoppelt hat.

4 Kneten Sie nun den Teig noch einmal durch und teilen Sie ihn in zwei Portionen. Rollen Sie den Teig jeweils zu einem dicken Strang, formen Sie einen Ring und legen Sie ihn in einen gut eingefetteten Blumenuntersetzer. Lassen Sie die beiden Ringe zugedeckt nochmals etwa 40 Minuten gehen. Die Brotringe anschließend mit etwas Wasser bestreichen.

5 Backen Sie die Brote im vorgeheizten Ofen für 5 Minuten. Reduzieren Sie nun die Temperatur auf 180 °C und backen Sie das Brot weitere 20 bis 25 Minuten. Decken Sie das Brot mit Backpapier ab, wenn die Brotkruste schon recht dunkel ist. Die Brote auf einem Kuchengitter auskühlen lassen.

Das Brot ist bis zu
3 Tage lang frisch.

FOR
YOU

BANDEROLE für die Brotringe

1 Nehmen Sie zunächst mit einer Schnur den Umfang des Brotes ab. Diese Länge sollte das zu bestempelnde Papier haben. Bestempeln Sie nun das Papier mit Ihrem Wunschtext. Hierfür eignen sich am besten Silikonstempel bzw. Clear Stamps, da sie, auf einem Acrylblock montiert, den Blick auf den Untergrund zulassen und somit sehr präzise positioniert werden können.

2 Lassen Sie die Stempelfarbe trocknen und schneiden Sie dann die Umrisse der einzelnen Lettern mit einem Cutter aus. Die Unterkanten der Buchstaben dürfen dabei nicht geschnitten werden, sonst fallen die Buchstaben aus der Banderole heraus. Zum Schneiden verwenden Sie eine möglichst neue bzw. scharfe Klinge. Je schärfer die Klinge ist, desto sauberer wird das Ergebnis.

3 Anschließend können Sie überstehendes Papier ober- und unterhalb der Buchstaben bis zu einem halben Zentimeter entfernen und den Papierstreifen um das Brot legen. Auf der Unterseite des Brotes fixieren Sie die Papierenden mit Klebeband.

MATERIAL

- Papier
- Buchstabenstempel
- Stempelkissen in Schwarz
- Klebeband
- Lineal
- Cutter

VITAL
BRÖTCHEN

Vital-Brötchen

Einfüllen

Das Dinkelvollkornmehl mit der Hefe und dem Zucker mischen. Anschließend die Zutaten in der angegebenen Reihenfolge in die Flasche füllen. Jede Schicht gut andrücken. Die Flasche verschließen und verzieren.

Verzieren

1 Das weiße Leinenband an der schmalsten Stelle der Flasche um den Flaschenhals kleben.

2 Den Anhänger mit dem Bänderstempel beschriften.

3 Den Anhänger über dem Leinenband am Flaschenhals befestigen.

Backen

1 Die Backmischung mit Butter und lauwarmem Wasser zu einem Teig verkneten. Den Teig mindestens 1 Stunde gehen lassen.

2 Ein Backblech mit Backpapier auslegen. Den Teig in acht Portionen teilen, zu länglichen Brötchen formen und mit Wasser benetzen. In die Brötchen mit einem Messer Streifen hineinschneiden. Nochmals gehen lassen. Den Backofen auf 200 °C Ober-/Unterhitze vorheizen.

3 Im vorgeheizten Backofen etwa 20 Minuten backen.

Zutaten

FÜR 10 BRÖTCHEN

WECK®-Saftflasche (530 ml)
125 g Dinkelvollkornmehl
½ Päckchen Trockenhefe
½ EL Zucker
½ TL Salz
125 g Weizenmehl (Type 405)
40 g Leinsamen, geschrotet
20 g Sesam
50 g Sonnenblumenkerne

ZUM BACKEN

20 g Butter
175 ml lauwarmes Wasser

Material

grobes Leinenband in Weiß, 3 cm breit, 12 cm lang
geöster Kraftpapieranhänger, 6 cm x 3 cm
Alphabet-Bänderstempel
Stempelkissen in Schwarz
Bastelkleber

Kerniges Knäckebrot

Zutaten

für 24 Stück

- 50 g Sonnenblumenkerne
- 50 g Sesam
- 50 g Leinsamen
- 50 g Kürbiskerne
- 125 g Dinkelvollkornmehl
- 125 g Haferflocken, blütenzart
- ½ TL Salz
- 2 EL Rapsöl
- 500 ml Wasser

1 Mischen Sie Sonnenblumenkerne, Sesam, Leinsamen und Kürbiskerne und stellen Sie 50 g beiseite. Geben Sie die restlichen Zutaten in eine Schüssel und verrühren Sie sie miteinander, sodass ein breiiger Teig entsteht. Den Backofen auf 175 °C Ober-/Unterhitze vorheizen.

2 Zwei Backbleche mit Backpapier auslegen und den Teig dünn auf die beiden Bleche streichen. Die beiseite gestellten Saaten gleichmäßig auf dem Teig verteilen. Im vorgeheizten Backofen etwa 1 Stunde backen, nach etwa 15 Minuten mit einem Pizzarad jede Teigplatte in 12 Scheiben vorschneiden. Die Knäckebrotscheiben auf einem Rost auskühlen lassen und dann verpacken.

Das Knäckebrot ist bis zu 3 Monate dunkel und trocken gelagert haltbar.

TÜTEN FÜR DAS KNÄCKEBROT

MATERIAL

Tüte aus Kraftpapier, 14,5 cm x 21,5 cm
Scrapbook-Papier in Türkis-Weiß gemustert
Tonkarton in Creme
Faden in Rot
doppelseitiges Klebeband
Heftgerät
Drucker
Nähmaschine

1 Drucken Sie zuerst den Schriftzug auf den cremefarbenen Tonkarton. Übertragen Sie dann die Vorlagen des geschwungenen Headers mithilfe einer Schablone auf das Scrapbook-Papier bzw. den Tonkarton. Dazu die Vorlage auf Transparentpapier durchpausen, auf ein Stück Karton kleben und ausschneiden. Die so entstandene Schablone auf das Papier legen, mit einem Bleistift umfahren und ausschneiden.

2 Falten Sie die beiden Teile jeweils mittig, legen Sie sie übereinander und nähen Sie sie entlang der Kante des cremefarbenen Teils mit Zickzackstich in Rot zusammen. Füllen Sie eine Kraftpapiertüte mit Knäckebrot, falten Sie sie oben um, tackern Sie sie zusammen und kleben Sie den Header mit doppelseitigem Klebeband auf.

Vorlage siehe Seite 137

KNÄCKEBROT
KNÄCKEBROT
VINTAGE RIBBON
house doctor

Käse-Knusper-Stangen

1 Den Blätterteig antauen lassen und jede Platte in 4 lange Streifen schneiden. Die Streifen spiralförmig eindrehen, mit Milch bepinseln und auf ein mit Backpapier ausgelegtes Blech setzen. Den Backofen auf 160 °C Ober-/Unterhitze vorheizen.

2 Bestreuen Sie die feuchten Teigspiralen mit Käse und wahlweise mit Sesam, Mohn, Schwarzkümmel, Paprika, Pizzagewürz oder anderen Kräutern. Im vorgeheizten Backofen etwa 10 Minuten backen. Abkühlen lassen und anschließend verpacken.

ZUTATEN

FÜR 24 STANGEN

1 Packung TK-Blätterteig (450 g)
4 EL Milch
100 g geriebener Emmentaler
1 EL Mohn
1 EL Sesam
1 TL Schwarzkümmel
¼ TL Paprika, edelsüß
1 TL Pizzagewürz
1 TL fein gehackte Kräuter, wie z. B. Rosmarin oder Thymian

Die Käsestangen sind kühl, trocken und dunkel gelagert 3 Monate haltbar.

KNUSPERBOX für die KÄSESTANGEN

MATERIAL

- Scrapbook-Papier in Grün-Weiß gemustert
- Büttenpapier in Grün
- Kopierpapier in Weiß
- Schleifenband in Rot-Weiß gestreift, 1 cm breit
- Seidenpapier in Weiß
- doppelseitiges Klebeband
- Falzbein oder Messer
- Drucker oder Fineliner in Rot

1 Übertragen Sie die Vorlage mithilfe einer Schablone auf das Scrapbook-Papier. Dazu die Vorlage auf Transparentpapier durchpausen, auf ein Stück Karton kleben und ausschneiden. Die so entstandene Schablone auf das Papier legen, mit einem Bleistift umfahren und ausschneiden. An den gepunkteten Linien wird der Karton gefalzt – am besten mit einem Falzbein oder einem Messerrücken – und gefaltet. An den Klebelaschen wird die Box zusammengeklebt.

2 Schneiden Sie dann aus dem grünen Büttenpapier einen Streifen von ca. 5,5 cm x 37 cm aus. Achten Sie dabei darauf, dass eine lange – unregelmäßige – Seite des Büttenpapierbogens die lange Seite des Zuschnitts bildet. Falten Sie die gegenüberliegende Schnittkante ca. 2 cm um und legen Sie die Banderole so um die Schachtel, dass die Faltkante über der oberen Kante der Box liegt. Fixieren Sie das Ganze mit etwas doppelseitigem Klebeband.

3 Nun wird noch eine Schleife gebunden. Für den Anhänger schneiden Sie aus dem Scrapbook-Papier ein Rechteck von 3 cm x 6,3 cm aus und runden die Ecken etwas ab. Darauf wird ein kleines weißes Rechteck (1,7 cm x 4,7 cm) geklebt, beschriftet und unter der Schleife befestigt. Die Käsestangen können nun mit etwas Seidenpapier in die Box gestellt werden.

Vorlage siehe Seite 138

Käsestangen

TOMATEN
CIABATTA

Tomaten-Ciabatta

EINFÜLLEN

Das Mehl mit der Trockenhefe und dem Zucker mischen. Den Maisgrieß mit dem Salz und den Kräutern vermengen. Zuerst die eine Hälfte der Mehlmischung in das Glas geben und andrücken, dann den Grieß hinzufügen. Das restliche Mehl einfüllen. Die getrockneten Tomaten klein schneiden und hinzugeben. Das Glas verschließen und verzieren.

VERZIEREN

1 Auf roten Fotokarton die Silhouette einer Tomate aufzeichnen (10 cm x 7 cm) und mit dem Cuttermesser ausschneiden. Ggf. an den Rändern Bögen herausschneiden, die die Rundungen der Tomate hervorheben. Aus grünem Karton den Stielansatz ausschneiden und auf die Tomate kleben.

2 Auf dem Bänderstempel die Beschriftung einstellen und auf der Tomate abstempeln. Die Tomate mit der Ösenzange am Stielansatz lochen und ggf. eine Metallöse einschlagen.

3 Den Anhänger mit dem Leinengarn am oberen Glasrand befestigen.

BACKEN

1 Die Backmischung mit Olivenöl und Wasser zu einem geschmeidigen Teig verarbeiten. Diesen so lange gehen lassen, bis sich sein Volumen verdoppelt hat.

2 Den Backofen auf 250 °C Ober-/Unterhitze vorheizen. Den Teig halbieren, zu zwei länglichen Laiben formen, auf ein mit Backpapier ausgelegtes Backblech geben und erneut gehen lassen.

3 Den Backofen auf 200 °C runterschalten und die Brotlaibe 20–25 Minuten backen. Auskühlen lassen und frisch servieren.

ZUTATEN

FÜR 2 KLEINE BROTE

- WECK®-Sturzglas (850 ml)
- 250 g Weizenmehl (Type 405)
- 1 Päckchen Trockenhefe
- 1 TL Zucker
- 150 g Maisgrieß
- 1 TL Salz
- 1 EL getrocknete Kräuter der Provence
- 80 g getrocknete Tomaten

ZUM BACKEN

- 6 EL Olivenöl
- 250–280 ml Wasser

MATERIAL

- Fotokartonreste in Rot und Grün
- Leinengarn in Grün
- Alphabet-Bänderstempel
- Stempelkissen in Schwarz
- Bleistift
- Cuttermesser mit Schneideunterlage
- Bastelkleber
- Ösenzange
- ggf. Metallöse

Kräuter-Feta-Taschen

1 Den Blätterteig auftauen lassen, dabei die Rechtecke einzeln legen, in Quadrate teilen und leicht ausrollen. Das Ei trennen und die Teigränder mit Eiweiß bestreichen. Den Backofen auf 200 °C Ober-/Unterhitze vorheizen.

2 Für die Füllung zerbröseln Sie den Schafskäse und heben die Kräuter und Oliven unter. Die Käsemasse auf den Teigvierecken verteilen und diese zum Dreieck zusammenklappen. Die Naht mit einer Gabel fest andrücken und die Oberseiten der Teigtaschen mit verquirltem Eigelb bestreichen. Die Kräuter-Feta-Taschen auf ein Backblech mit Backpapier setzen und im vorgeheizten Ofen etwa 25 Minuten backen.

Zutaten

Für 6 Taschen

3 Scheiben TK-Blätterteig (225 g)
1 Ei
150 g Schafskäse (Feta)
je 2 EL fein gehackte Petersilie, Schnittlauch und Thymian
10 fein gehackte schwarze Oliven

Die Taschen sind 1 bis 3 Tage im Kühlschrank haltbar.

Schachtel für die Kräuter-Feta-Taschen

MATERIAL

Scrapbook-Papier in Blau-Grün gemustert und Rückseite in Grün-Weiß gestreift
Zellophanpapier
Kordel oder Band
Öse in Silber
dünne Paketschnur
doppelseitiges Klebeband
Ösenzange
Lochzange
Fineliner in Schwarz oder Drucker

1 Kopieren Sie die Vorlage auf das Scrapbook-Papier oder übertragen Sie sie mithilfe einer Schablone. Dazu die Vorlage auf Transparentpapier durchpausen, auf ein Stück Karton kleben und ausschneiden. Die so entstandene Schablone auf das Papier legen, mit einem Bleistift umfahren und ausschneiden.

2 Entlang der gepunkteten Linien falten und die Laschen so verkleben, dass eine Box entsteht. Den Innenboden der Schachtel mit doppelseitigem Klebeband bekleben. Ein großes Stück Zellophanpapier zuschneiden und über die Schachtel legen. Etwa mittig mithilfe der Klebestreifen auf dem Innenboden der Schachtel fixieren. Die Kräuter-Feta-Taschen hineinlegen, das Zellophanpapier oben zusammenraffen und mit einem Band oder einer Kordel verschnüren.

3 Aus dem restlichen Papier zwei längliche Anhänger ausschneiden (1,5 cm x 8 cm und 2 cm x 8,5 cm). Mit der Lochzange je ein Loch in die kurze Seite des Anhängers stanzen. Den kleineren Anhänger mit einer Öse versehen und beschriften (von Hand oder mit dem Drucker). Beide Anhänger übereinanderlegen, mit einer Kordel zusammenfassen und an der Verpackung befestigen.

Vorlage siehe Seite 139

KRÄUTER-FETA-TASCHEN

Rosmarinkekse

1 Das Mehl mit Backpulver, Butter, Salz, Eigelb, Rosmarin und 2–3 EL kaltem Wasser zu einem glatten Teig verkneten. Den Teig in Folie wickeln und 30 Minuten im Kühlschrank kalt stellen. Den Backofen auf 200 °C Ober-/Unterhitze vorheizen.

2 Anschließend den Teig auf einer bemehlten Arbeitsfläche ca. 5 mm dünn ausrollen. Schneiden Sie mit einem Messer rechteckige Kekse und setzen Sie sie auf ein mit Backpapier belegtes Blech.

3 Stechen Sie mit einer Gabel mehrmals vorsichtig in die Kekse und bestreichen Sie sie mit etwas Milch. Die Plätzchen im vorgeheizten Backofen etwa 12 Minuten backen, abkühlen lassen und dann verpacken.

ZUTATEN

FÜR CA. 40 KEKSE

200 g Mehl und etwas Mehl zum Ausrollen
1 TL Backpulver
80 g kalte Butter
¼ TL Salz
1 Eigelb
1–2 TL fein gehackter Rosmarin
3–4 EL Milch

Die Rosmarinkekse sind 2 bis 6 Wochen haltbar.

Schachtel für die Rosmarinkekse

Material

- Fotokarton in Weiß
- Scrapbook-Papier in Hellblau-Weiß kariert
- Kopierpapier in Weiß
- dünne Paketschnur
- Öse in Silber
- Eckenstanzer
- evtl. Falzbein
- Ösenzange
- doppelseitiges Klebeband
- Drucker

1 Die Vorlage auf weißen Karton kopieren oder übertragen. Legen Sie dazu festes Transparentpapier auf die Vorlage und pausen Sie die Linien mit einem weichen Bleistift durch. Drehen Sie das Transparentpapier um und legen Sie es mit der Rückseite nach oben auf den Karton. Fahren Sie dann die Linien mit einem harten Bleistift nach. Die Linien übertragen sich dadurch auf den Karton. An der gestrichelten Linie ausschneiden, an den gepunkteten Linien falzen und zusammenkleben.

2 Schneiden Sie das Scrapbook-Papier auf die Maße von 17,5 cm x 15,5 cm zu. Mit dem Eckenstanzer die Ecken abrunden. Die Rückseite mit doppelseitigem Klebeband bekleben und um die weiße Schachtel kleben. Lassen Sie dabei etwas weißen Rand stehen.

3 Aus dem restlichen Musterpapier noch zwei Rechtecke à 2 cm x 4 cm zuschneiden, mit dem Eckenstanzer abrunden und an die Seiten kleben.

4 Mit einer Lochzange etwa mittig vorne zwei Löcher stanzen und zwei Ösen befestigen. Die Paketschnur durch die Löcher ziehen, um die Schachtel binden und dekorativ verknoten.

5 Schneiden Sie aus den Papierresten einen passenden Anhänger zu, versehen Sie ihn mit einer Öse und beschriften Sie ihn. Wenn Sie den Anhänger mit dem Computer beschriften, müssen Sie das vor dem Ausschneiden tun.

Vorlage siehe Seite 140

Fitness-Brot mit BÄRLAUCH-AROMA

ZUTATEN

FÜR 1 BROT

WECK®-Saftflasche (1062 ml)
250 g Dinkelvollkornweizenmehl
1 Päckchen Trockenhefe
1 TL Zucker
2 g Bärlauch, getrocknet und klein geschnitten
100 g Buchweizenmehl
50 g Kichererbsenmehl
50 g Weizenmehl (Type 405)
100 g Roggenmehl (Type 997)
20 g Flohsamen
½ TL Salz

ZUM BACKEN

2 EL Rapsöl
1 EL Weißweinessig
175 ml lauwarmes Wasser

EINFÜLLEN

Das Dinkelvollkornmehl mit der Hefe und dem Zucker mischen. Einfüllen und gut andrücken. Den Bärlauch dazugeben und andrücken. Die restlichen Zutaten mischen und andrücken. Die Flasche verschließen und verzieren.

VERZIEREN

1 Die Wellpappe mit Klebepads um den Bauch des Glases kleben.

2 Den weißen Karton in Türkis mit „Fitness" und in Schwarz mit „Brot" bestempeln. Anschließend ein ovales Etikett daraus zuschneiden. An den Ecken abflachen. Das Etikett mit Klebepads auf den türkisfarbenen Karton kleben und diesen wie einen Rahmen zuschneiden. Auf beiden Seiten mit der Ösenzange lochen, ggf. jeweils eine Metallöse einschlagen. Die Satinbänder durch die Ösen ziehen.

3 Das Etikett um die Wellpappe legen und auf der Rückseite mit einer großen Schleife festbinden.

BACKEN

1 Die Backmischung mit Rapsöl, Weißweinessig und lauwarmem Wasser zu einem Teig verkneten. Den Teig mindestens eine Stunde gehen lassen.

2 Den Backofen auf 220 °C Ober-/Unterhitze vorheizen. Eine Kastenform (30 cm) fetten und mit Mehl ausstäuben. Den Teig in die Kastenform geben, mit Wasser benetzen und Streifen einschneiden. Nochmals gehen lassen.

3 Im vorgeheizten Backofen etwa 1 Stunde backen.

MATERIAL

Wellpappe in Braun, 14 cm x 8 cm
Fotokartonreste in Weiß und Türkis
2 Alphabet-Stempelsets
Stempelkissen in Türkis und Schwarz
Satinband in Türkis und Grün, je 4 mm breit und 26 cm lang
ca. 16 Klebepads, 1 mm stark
Cuttermesser mit Schneideunterlage oder Schere
Ösenzange
ggf. 2 Metallösen

Tipp

Wenn es einmal schneller gehen muss, können Sie auch Blätterteig aus dem Kühlregal verwenden. Sie benötigen 3 bis 4 Blätterteige à 275 g.

PIKANTE Käse-Säckchen

1 Geben Sie für den Hefeteig das Mehl in eine Schüssel und formen Sie mit der Faust eine Vertiefung. Die Hefe in kleinen Stücken in die Mulde geben, mit Zucker bestreuen und die lauwarme Milch darübergießen. 10 Minuten stehen lassen. Verkneten Sie anschließend den Teig mit dem Ei und dem Salz und lassen Sie alles 1 bis 2 Stunden an einem warmen Ort zur doppelten Größe aufgehen.

2 Währenddessen verkneten Sie das Mehl, das Salz und die Butter miteinander zu einem glatten Mürbeteig.

3 Mischen Sie den Schmand, die Petersilie, den geriebenen Käse, die Schnittlauchröllchen, den Schinken und die Zwiebeln in einer Schüssel. Schmecken Sie die Masse mit Salz und Pfeffer ab.

4 Heizen Sie den Backofen auf 200 °C Ober-/Unterhitze vor. Den Mürbeteig mit dem Hefeteig verkneten, 2 bis 3 mm dünn auswellen und Kreise (ø ca. 15 cm) ausstechen. Je einen leicht gehäuften Esslöffel Füllung in die Kreismitte geben und den Teig an den Seiten hochziehen und zu Säckchen formen.

5 Verquirlen Sie das Ei gut, bestreichen Sie die Säckchen damit und setzen Sie sie auf ein mit Backpapier ausgelegtes Backblech. Backen Sie die Säckchen ca. 20 Minuten, bis sie goldbraun sind. Die Säckchen nach dem Abkühlen mit einem Schnittlauchhalm zuschnüren.

Frisch schmecken die Käsesäckchen am besten. Sie können 2 bis 3 Tage in einer Dose aufbewahrt werden.

ZUTATEN

FÜR 16 STÜCK

FÜR DEN HEFETEIG

350 g Mehl
½ Würfel Hefe (20 g)
1 Prise Zucker
⅛ l lauwarme Milch
1 Ei
1 TL Salz

FÜR DEN MÜRBETEIG

75 g Mehl
1 Prise Salz
50 g Butter

FÜR DIE FÜLLUNG

75 g Schmand
1 Bund Petersilie, gehackt
250 g Gouda oder Appenzeller, gerieben
1 Bund Schnittlauch, davon ½ Bund in Röllchen geschnitten
50 g Schinken, gewürfelt
½ Zwiebel, fein gehackt
Salz
Pfeffer
1 Ei

LECKER
LECKER

Hübsche Schachteln für die Käse-Säckchen

1 Übertragen Sie die Vorlage mithilfe einer Schablone. Dazu die Vorlage auf Transparentpapier durchpausen oder auf Papier fotokopieren und ausschneiden. Die so entstandene Schablone auf die Rückseite des Scrapbook-Papiers legen, mit einem Bleistift umfahren und ausschneiden. An den gestrichelten Linien legen Sie ein Lineal als Führung an und reiben mit dem Falzbein in das Papier. An den entstandenen Rillen lässt sich das Papier einfach und sauber falten.

2 Für das Etikett bestempeln Sie ein ca. 5 cm x 1,4 cm großes Rechteck aus Bastelkarton mithilfe von kleinen Buchstabenstempeln und grüner Stempelfarbe. Versehen Sie das Rechteck anschließend mit zwei kleinen Löchern. Positionieren Sie das Etikett auf dem Körbchen und übertragen Sie mit Bleistift die Löcher des Etiketts auf dem Untergrund. Stanzen Sie auch aus dem gemusterten Papier zwei Löcher. Anschließend können Sie das Etikett mit zwei kleinen Ösen auf dem Körbchen anbringen. Nun können Sie die Klebelaschen des Körbchens befestigen und es mit Backpapier auslegen.

Material

- Scrapbook-Papier in Grün
- Bastelkarton in Naturweiß
- Backpapier
- Mini-Buchstabenstempel
- Stempelkissen in Grün
- Klebstoff oder doppelseitige Klebefolie
- Ösen
- Ösenzange oder Eyelettsetter
- Bleistift
- Einlochzange
- Falzbein
- Schere oder Cutter
- Lineal

Vorlage siehe Seite 141

Grundlagen

Mürbeteig

ZUTATEN

250 g Mehl
90 g Puderzucker
1 Ei (Größe M)
½ TL Vanillepulver
125 g kalte Butter

Tipp Verkneten Sie die Zutaten nur kurz, sonst zerfällt der Teig und backt ungleichmäßig. Legen Sie Kekse gleicher Größe zusammen auf ein Blech, sie haben die gleiche Backzeit.

1 Mehl und Puderzucker mischen, Ei und Vanillepulver sowie die in kleine Stücke geschnittene Butter dazugeben. Alles zusammen mit den Händen oder der Küchenmaschine kurz verkneten.

2 Den Teig in Frischhaltefolie wickeln und ca. 30 Minuten kalt stellen. Den Ofen auf 200 °C Ober-/Unterhitze vorheizen.

3 Den Teig auf einer leicht bemehlten Arbeitsfläche ausrollen und Kekse in beliebigen Formen ausstechen. Die Kekse auf mit Backpapier belegte Bleche legen und im heißen Ofen je nach Größe 7–12 Minuten golden backen.

4 Die fertigen Kekse auf einem Gitter vollständig auskühlen lassen.

1

2

Zuckerguss

ZUTATEN

250–300 g Puderzucker
1 Eiweiß (Größe M)
1 EL Zitronensaft
Lebensmittelfarbe nach Wunsch

1

2

1 Eiweiß mit einem Spritzer Zitronensaft verquirlen, gesiebten Puderzucker dazugeben und mit der Küchenmaschine oder dem Handrührgerät ca. 5 Minuten aufschlagen. Den festen Basisguss bis zur weiteren Verarbeitung in ein sauberes Schraubglas füllen.

2 Den Guss mit wenigen Tropfen Zitronensaft oder Wasser zu einem glänzenden, zähflüssigen Konturenguss verdünnen, der beim Auftragen nicht reißt, aber auch nicht verläuft. Etwa ein Drittel in einen Spritzbeutel oder eine Spritzflasche mit feiner Tülle füllen. Den restlichen Guss mit Zitronensaft oder Wasser zu einem Ausfüllguss verdünnen und in eine Spritzflasche mit größerer Öffnung füllen.

* Zuckerguss färben *

1 Mit einem Zahnstocher einige Tropfen Lebensmittelfarbe in den Zuckerguss geben.

2 Die Farbe unterrühren, dabei möglichst keine Luft einarbeiten, sonst bekommt der Guss später Bläschen oder Löcher.

3 Um verschiedene Farbtöne zu erhalten, erhöhen Sie einfach die Farbmenge.

Tipp Sie können auch fertiges Royal-Icing-Pulver verwenden und nach Packungsanleitung zubereiten.

Dieser Guss ist im Schraubglas im Kühlschrank 2 Tage haltbar. Vor dem Verwenden nochmals gut durchrühren und nach Bedarf verdünnen und färben. Sie können auch gefärbten und verdünnten Guss so aufbewahren.

Kekse verzieren

Bereiten Sie alles vor, bevor Sie mit dem Dekorieren der Kekse beginnen: Färben Sie alle Glasuren in der jeweils gewünschten Konsistenz und testen Sie sie schon einmal auf einem Probekeks oder einem Blech. Stellen Sie die Glasuren in Spritzbeuteln oder Fläschchen bereit. Konturen spritzen Sie mit einer sehr feinen Spitze, für die Füllung kann die Tülle etwas größer sein.

1

2

KONTUREN UND FLÄCHEN

1 Die Kekse mit dem Konturenguss mit sehr feiner Spitze umranden und etwa 5 Minuten trocknen lassen.

2 Die Innenflächen der Kekse mit dem Ausfüllguss und größerem Loch im Spritzbeutel ausmalen.

3 Lücken mit einem Zahnstocher schließen.

4 Ausgesparte Flächen mit einer anderen Farbe bemalen.

PERLEN

Die Zuckerperlen vorsichtig auf den noch feuchten Guss setzen und antrocknen lassen.

1

NASS-IN-NASS-TECHNIK

1 Den Ausfüllguss in einer anderen Farbe auf den noch flüssigen Guss spritzen.

2 Mit einem Zahnstocher Muster in den noch feuchten Guss zeichnen, etwa einen kleinen Strich durch den Punkt ziehen, um ein Herz zu formen.

MUSTER ZEICHNEN

Auf trockenen Guss mit dem restlichen Konturenguss Muster nach Wunsch aufmalen.

Biskuitteig

ZUTATEN

2 Eier
22 g Zucker
17 g Maisstärke
26 g Mehl (Type 405)

1 Zuerst trennen Sie die Eier. Achten Sie darauf, dass Schüssel und Schneebesen fettfrei sind, da sich das Eiweiß sonst nicht gut aufschlagen lässt.

2 Eiweiße mit 15 g Zucker (1 leicht gehäufter EL) zu Eischnee schlagen. Eigelbe mit 7 g Zucker (½ EL) aufschlagen. Wenn Sie für beides dieselben Küchengeräte verwenden möchten, beginnen Sie mit den Eiweißen, damit eventuelle Eigelbrückstände in der Schüssel nicht den Eischnee beeinträchtigen.

3 Eischnee mit einem Teigschaber zügig, aber mit ruhigen Bewegungen unter das Eigelb heben. So verhindern Sie, dass Sie die Luft aus dem Teig herausschlagen.

4 17 g Maisstärke und 26 g Mehl abwiegen und auf die Eimasse sieben. Das Sieben verhindert, dass sich Klümpchen bilden. Mehl und Stärke werden so außerdem gut miteinander vermischt.

5 Mehl und Stärke zügig, aber in gleichmäßigen Bewegungen mit dem Teigschaber unterheben, damit die Luft nicht aus dem Teig herausgeschlagen wird. Die Luft, die durch das Aufschlagen der Eier in den Teig gelangt, sorgt dafür, dass der Kuchen später im Ofen aufgeht. So erübrigt sich die Zugabe von Backpulver oder anderen Treibmitteln.

1

3

4

5

Tipp

Für ein 30 cm x 30 cm großes Blech: 3 Eier, 33 g Zucker, 26 g Maisstärke, 40 g Mehl

Dekorteig

Mit diesem Dekorteig, der je nach Rezept und Wunsch eingefärbt werden kann, werden die Muster für die Deko Roll Cakes erstellt.

ZUTATEN

1 Ei (Größe L)
50 g Zucker
50 g Mehl (Type 405)
50 g Butter

Tipp **Frieren Sie überflüssiges Ei in einer Eiswürfelform ein. Sobald es durchgefroren ist (etwa eine Nacht), können Sie die Eierwürfel in eine Gefrierbox oder einen Gefrierbeutel füllen und platzsparend im Tiefkühler aufbewahren. So haben Sie jederzeit kleine Ei-Mengen zur Verfügung.**

1

3

4

5

1 Die Butter bei niedriger Temperatur schmelzen. Darauf achten, dass die Butter nicht zu heiß wird, da sonst die Molke verbrennt, die Butter ihr Aroma verändert und braune Stückchen darin schwimmen.

2 Währenddessen Eier trennen. Das Eigelb wird für den Dekorteig nicht benötigt und kann anderweitig verwendet werden.

3 Nacheinander 50 g Zucker und 50 g Mehl zum Eiweiß hinzufügen.

4 Alles mit einem Schneebesen zu einer gleichmäßigen Masse verrühren.

5 Die flüssige Butter zügig unterrühren, sodass ein zäher, glatter Teig entsteht.

LEBENSMITTELFARBE

Lebensmittelfarbe gibt es als Pulver, flüssig oder als Gel. Sie bekommen Sie in gut sortierten Supermärkten oder im Internet. In der Regel sind die Grundfarben Grün, Blau, Rot und Gelb ausreichend. Am besten eignen sich fettlösliche Lebensmittelfarben als Gel. Farben auf Wasserbasis können den Teig schnell verwässern, der Teig wird flüssiger und die Farben sind weniger intensiv.

* Sirup *

Der Sirup gibt dem Biskuitkuchen nicht nur ein runderes Aroma, er sorgt auch dafür, dass der Kuchen nicht zu trocken wird. Der Kuchen wird elastischer und die Rolle reißt nicht so schnell. Außerdem verfeinert der Sirup den Geschmack der Rolle.

ZUTATEN

200 g Zucker
200 ml Wasser
50 ml Apfelsaft oder Orangensaft
ggf. ca. 4 cl Likör, z.B. Rum, Amaretto, Kirschlikör etc.

1 Zunächst alle Zutaten zusammen aufkochen lassen.

2 Dann kurz sprudelnd kochen, abkühlen lassen, fertig.

1

2

Tipp Das Sirup-Rezept reicht für mehrere Rollen. Einmal gekocht, hält sich der Sirup in einem Glas mit Deckel oder in einer Flasche durch den hohen Zuckergehalt mehrere Monate im Kühlschrank.

Mascarpone-Füllung

Erst die Füllung macht den Biskuit zur Cake Roll. Sie formt den Kuchen zur Rolle und gibt ihm Geschmack.
Ob mit Marmelade, steif geschlagener Sahne, Frischkäse, Quark, Vanillepudding, Schokoladenmousse oder, wie hier beschrieben, mit Mascarpone – füllen Sie die Kuchenrollen ganz nach Ihrem Geschmack.
Sie können die Rollen nur mit Creme füllen oder mit frischen Beeren und Obst noch mehr Farbe und Geschmack ins Spiel bringen.

ZUTATEN
- 250 g Mascarpone
- 50 g flüssige Sahne
- 2 EL Zucker

1

2

3

4

5

6

1 Mascarpone, Zucker und Sahne mit einem Schneebesen zu einer glatten Creme verrühren und nach Belieben aromatisieren.

2 Die Grundcreme z.B. mit Konfitüre, Fruchtkompott, eingelegten Beeren, frischem klein geschnittenen Obst oder Likör verfeinern.

3 Für eine Schokoladencreme zu der Grundcreme 1–2 EL Kakaopulver hinzufügen. Dieses am besten vorher sieben, so vermeiden Sie Klümpchen.

4 Frisches Vanillemark verleiht der Creme eine ganz besondere Note. Die ausgekratzten Schoten am besten in eine Dose oder ein Glas mit Zucker legen. Der Zucker nimmt den Geschmack auf und kann nach ein paar Tagen als Vanillezucker verwendet werden.

5 Eine winterliche Note bekommt die Grundcreme, wenn Sie etwas Lebkuchengewürz, Rumrosinen, Mandeln, Zitronat, Orangeat oder etwas Kakaopulver hinzufügen.

6 An heißen Sommertagen schmecken 1–2 EL Joghurt in der Grundcreme besonders lecker. Fügen Sie noch Orangen-, Zitronen-, oder Limettensaft hinzu. Etwas geriebener frischer Ingwer und ein paar getrocknete Chiliflocken runden das Ganze ab.

Schritt für Schritt zum Deco Roll Cake

1

2

2

3
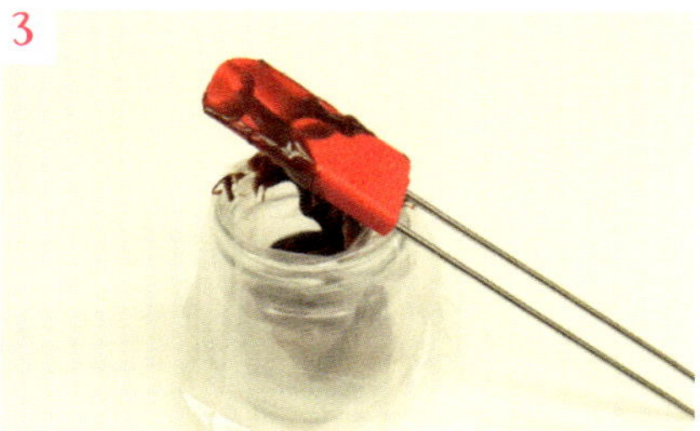

3

1 Bereiten Sie den Grunddekorteig (siehe Seite 118) nach Rezeptangabe vor.

2 Je nach Rezeptangabe Teile des Grundteiges mit Lebensmittelfarbe oder Kakaopulver einfärben.

3 Dekorteig in Spritzbeutel füllen. Stellen Sie die Beutel am besten in leere Gläser, so lassen sie sich leichter füllen.

4 Legen Sie die Vorlage auf das Backblech und darüber die Silikonbackmatte. Das Muster scheint nun durch.

5 Bringen Sie nun die Muster mit den entsprechenden Teigen gemäß der Vorlage auf. Hier werden zunächst Augen mit dem Grunddekorteig aufgezeichnet, dann folgen Schnäbel aus gelbem und Eulenkörper aus dunklem Teig. Um Farbverläufe und Schlieren zu vermeiden, Backblech mit Teig nach jeder Farbe für ca. 15 Minuten einfrieren. Das Einfrieren verhindert, dass sich die Teige miteinander vermischen.

6 Backofen auf 180 °C Ober-/Unterhitze vorheizen. Das Blech mit dem Dekorteig 3 Minuten auf der mittleren Schiene backen.

4

5

7

8

9

10

11

11

12

13

7 In der Zwischenzeit den Biskuitteig zubereiten (siehe Seite 117).

8 Die Masse mit der Fingerpalette auf das fertig gebackene Muster streichen. Den Teig möglichst gleichmäßig auf dem Blech verteilen.

9 Vor dem Backen mit der Handfläche mehrmals von unten an den Boden des Backblechs klopfen, um Luftbläschen, die sich sonst am Dekor bilden könnten, zu entfernen.

10 Das Ganze bei 180 °C 10 Minuten backen. Je nach Ofen können Temperatur und Zeit leicht variieren.

11 Nach dem Backen den Kuchen ca. 5 Minuten auskühlen lassen, dann mit einem Messer vom Rand des Backblechs lösen und auf ein Stück Backpapier stürzen.

12 Backmatte und Vorlagenschablone vorsichtig entfernen.

13 Den noch lauwarmen Kuchen mit einem langen, scharfen Messer zurechtschneiden und mit einem zweiten Stück Backpapier bedecken.

14 Die Kuchenplatte mit dem Dekor nach unten vorsichtig und langsam einrollen. 15 Minuten auskühlen lassen. Durch das Einrollen im lauwarmen Zustand bekommt der Kuchen die Möglichkeit, sich an seine spätere Form zu gewöhnen.

15 Kuchen wieder ausrollen. Jetzt den Sirup vorsichtig auf die Innenseite des Kuchens streichen. So bekommt der Kuchen Geschmack und Elastizität, reißt nicht so leicht und trocknet weniger schnell aus.

16 Die Creme (siehe Seite 120) vorsichtig und gleichmäßig auf die Kuchenplatte streichen, dabei die Ränder frei lassen, da sich die Füllung beim Einrollen noch etwas verteilt.

17 Nach Geschmack mit Früchten und Obst belegen.

18 Mithilfe des Backpapiers einrollen.

19 Den fertige Deco Roll Cake im Kühlschrank ein paar Minuten ruhen lassen, auspacken.

20 Ggf. den Deco Roll Cake noch weiter verzieren. Hier werden die Pupillen der Eulen mit Lebensmittelfarbe und Pinsel aufgebracht.

14

15

16

17

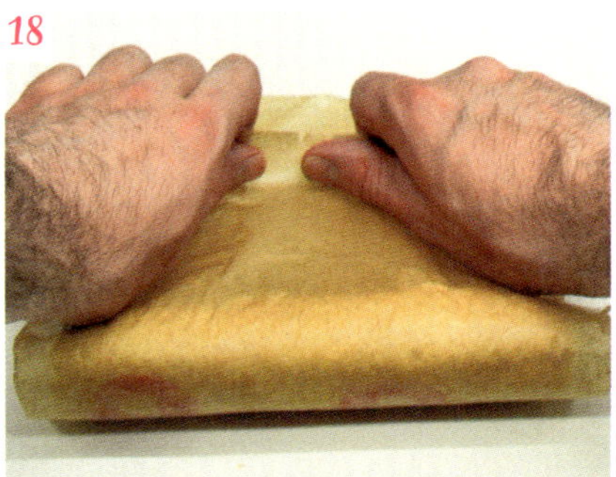
18

19

20

Cake-Pop-Grundteig zum Backen

ZUTATEN
FÜR CA. 36 STÜCK

150 g weiche Butter
125 g Zucker
Abrieb von ½ Bio-Zitrone
Salz
3 Eier
150 g Mehl
1 TL Backpulver
auf Wunsch etwas Fett zum Einfetten der Form
Spritzbeutel

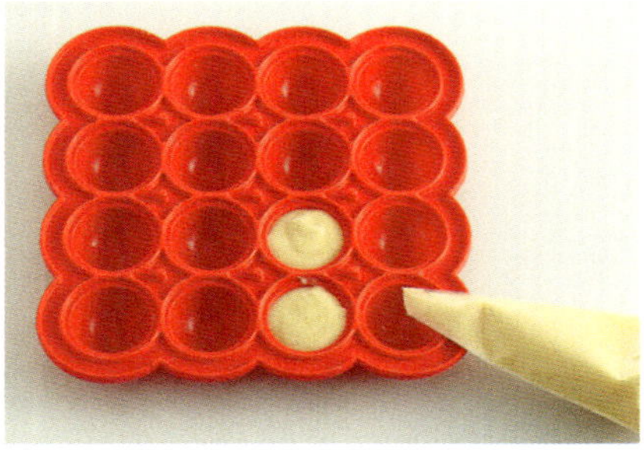

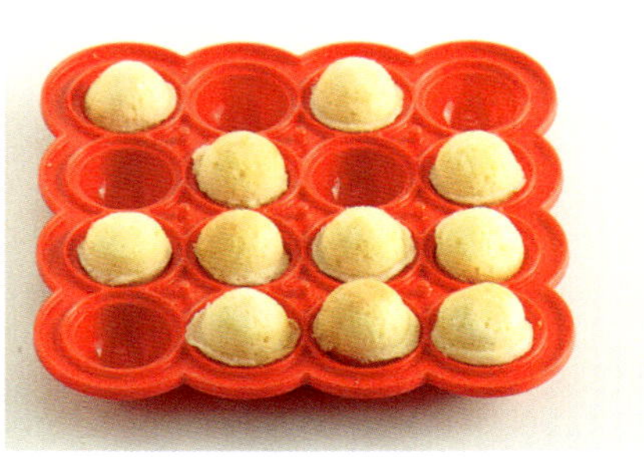

1 Den Backofen auf 180 °C Ober-/Unterhitze vorheizen.

2 Rühren Sie für den Teig Butter, Zucker, Zitronenschale und 1 Prise Salz mit den Schneebesen des Rührgeräts auf höchster Stufe 5 Minuten cremig. Anschließend die Eier einzeln unterrühren. Mehl und Backpulver zugeben und mit einem Teigschaber unter die Buttermasse heben.

3 Füllen Sie den Teig in einen Spritzbeutel (ersatzweise eine Plastiktüte nehmen und die Spitze abschneiden) und befüllen die Cake-Pop-Mulden – auf Wunsch fetten – mit dem Teig.

4 Die Cake Pops ca. 12 bis 18 Minuten goldbraun backen, herausnehmen und abkühlen lassen. Wiederholen Sie den Vorgang, bis der Teig aufgebraucht ist. Vor der Weiterverarbeitung die Kugeln auskühlen lassen.

2

2

3

CAKE-POP-STIELE BEFESTIGEN

1 Schmelzen Sie zunächst die Kuvertüre oder Schmelzdrops im Wasserbad. Verwenden Sie hier die Farbe, die auch als Grundfarbe des Cake Pops verwendet wird.

2 Tauchen Sie den Stiel ca. 1–2 cm tief in die Farbe ein.

3 Stecken Sie nun den Stiel in den Cake Pop. Wenn noch etwas Farbe am Stiel zu sehen ist, ist das nicht schlimm. Wenn die Schokolade getrocknet ist, können Sie die überschüssige Kuvertüre mit einem Messer wegkratzen.

4 Stellen Sie den Cake Pop in einen Styroporblock oder Blumensteckmoos (mit Alufolie eingewickelt). Geben Sie die Cake Pops für ca. 30 Minuten zum Trocknen in den Kühlschrank.

CAKE POPS GLASIEREN

1 Wenn der Stiel fest im Cake Pop sitzt, können Sie diesen mit der Grundfarbe glasieren. Hierfür nochmals die Glasur bzw. Schmelzdrops schmelzen.

2 Tauchen Sie den Cake Pop komplett in die Glasur ein.

3 Drehen Sie den Cake Pop ein wenig, sodass die komplette Form bedeckt ist.

4 Nehmen Sie den Cake Pop aus der Glasur und klopfen Sie mit dem Stiel ein wenig gegen den Rand der Schüssel. So kann die überschüssige Glasur vom Cake Pop abtropfen.

5 Stellen Sie den Cake Pop wieder in einen Styroporblock oder in Blumensteckmoos und warten Sie mit der Weiterverarbeitung, bis die Glasur komplett getrocknet ist.

2

3

4

DEKORATION SCHMELZDROPS

Die Schmelzdrops aus gefärbter weißer Kuvertüre gibt es in Fachgeschäften für Backzubehör oder im Internet in verschiedenen Farben zu kaufen. Schmelzdrops werden wie Schokolade oder Kuvertüre über dem Wasserbad oder in der Mikrowelle bei 600 Watt mit etwas Kokosfett geschmolzen und eignen sich hervorragend zum Überziehen von Cake Pops. Reste lassen sich problemlos erneut schmelzen. Am besten füllen Sie die Drops zum Schmelzen in ein Schraubglas mit einem Durchmesser von ca. 6 cm. So können Sie die Reste gut aufbewahren und direkt im Gefäß wieder schmelzen und die Cake Pops eintauchen.
Wer sehr glatte, gleichmäßige Cake Pops erhalten möchte, sollte sie zweimal glasieren, dadurch verschwinden Unebenheiten.

Macarons-Grundrezept

ZUTATEN

für ca. 20 Stück (40 Schalen)

32 g Eiweiß

9 g Zucker

40 g geschälte gemahlene Mandeln

65 g Puderzucker

1 Mandeln und Puderzucker mischen und in einem Blender oder einer Kaffeemühle noch feiner mahlen. Die Mandel-Puderzucker-Mischung durch ein feines Sieb geben und gröbere Stückchen, die nicht durch das Sieb gehen, noch einmal in den Blender geben.

2 Das Eiweiß mit dem Mixer aufschlagen, bis es weiß und schaumig wird. Nun den Zucker dazugeben und weiterrühren, bis der Eischnee fest wird. Nach Bedarf etwas Lebensmittelfarbe dazugeben und mixen, bis der Eischnee gleichmäßig eingefärbt ist.

3 Die Mandel-Puderzucker-Mischung in drei Portionen unter den Eischnee heben. Dabei mit einem Teigschaber in kreisenden Bewegungen vorsichtig rühren. Die Masse ist fertig, wenn sie glänzt und wie ein Band vom Teigschaber fließt. Nun nicht mehr weiterrühren.

4 Die Masse in einen Spritzbeutel mit Lochtülle (ø 3–8 mm) füllen und auf ein mit Backpapier belegtes Backblech
Kreise oder andere gewünschte Formen spritzen, dabei ausreichend Abstand lassen.

5 Das Blech ein paar Mal auf die Arbeitsplatte schlagen, damit überschüssige Luft entweichen kann. Die Macarons für 30 Minuten ruhen lassen. Den Ofen auf 145°C Ober-/Unterhitze vorheizen und die Macarons für 14–16 Minuten backen. Die Macarons auf dem Blech abkühlen lassen. Danach vorsichtig vom Backpapier lösen.

Füllungen

SCHOKOLADENFÜLLUNG

ZUTATEN

75 g Zartbitterschokolade
75 g Sahne
oder
75 g Vollmilchschokolade
30 g Sahne
oder
80 g weiße Schokolade
40 g Sahne

Die Schokolade hacken und in eine kleine Schüssel geben. Sahne in einem kleinen Topf oder in der Mikrowelle erhitzen und kurz aufkochen lassen. Dann sofort über die Schokolade gießen und solange rühren, bis eine homogene, glatte Masse entsteht. Die Schokoladencreme abdecken und für ca. 45 Minuten in den Kühlschrank stellen. Dann mit einem kleinen Schneebesen kräftig aufschlagen, bis die Masse heller wird und deutlich an Volumen gewinnt.

BUTTERCREME

ZUTATEN

50 g zimmerwarme Butter
50 g Puderzucker

Butter und Puderzucker mit dem Mixer aufschlagen, bis die Masse hell und cremig ist. Diese Buttercreme kann nun nach Belieben verändert werden.

* Vanilla Cupcakes *

ZUTATEN

120 g Butter oder Margarine
130 g Zucker
2 Päckchen Vanillezucker
3 Eier (Größe M)
150 g Mehl
2 TL Backpulver
1 Prise Salz

1 Legen Sie ein Muffinblech mit Papierförmchen aus. Den Backofen auf 175 °C Ober-/Unterhitze vorheizen. Rühren Sie die Butter oder Margarine mit dem Zucker und dem Vanillezucker ca. 5 Minuten lang zu einer cremigen Masse. Danach die Eier einzeln und gründlich unterschlagen.

2 Das Mehl mit dem Backpulver und dem Salz mischen und vorsichtig unter die cremige Masse geben. Nur so lange rühren, bis keine Klumpen mehr zu sehen sind.

3 Nun die Muffinförmchen zu knapp zwei Dritteln mit Teig befüllen, der Teig geht beim Backen noch auf. Die Cupcakes etwa 22–25 Minuten backen und abschließend ca. 1 Stunde auskühlen lassen.

Teigvarianten

SCHOKOLADENTEIG

Fügen Sie zum Schluss zwei gehäufte Esslöffel Kakaopulver hinzu.

HASELNUSSTEIG

Geben Sie am Ende noch 75 g gemahlene Haselnüsse in den Teig.

FRUCHTTEIG

Geben Sie ein bis zwei frische, geschnittene Früchte auf den Teig.

ZITRUSTEIG

Mischen Sie zuletzt noch den Schalenabrieb von einer Bio-Zitrone oder Bio-Orange in den Teig.

Swiss-Meringue-Buttercreme

ZUTATEN

4 Eiweiß (Größe M)
200 g Zucker
1 Prise Salz
350 g Butter
Aroma oder Lebensmittelfarbe nach Belieben

1 Zuerst das Eiweiß mit dem Zucker und einer Prise Salz in ein hitzebeständiges Gefäß geben. Dabei darauf achten, dass keine Spuren des Eigelbes enthalten sind. Ein Wasserbad heiß werden lassen, das Wasser sollte aber nicht sprudelnd kochen. Die Eiweiß-Zucker-Masse ca. 5 Minuten über dem Wasserbad erhitzen, bis sich der Zucker komplett aufgelöst hat. Die Masse ist fertig, wenn Sie beim Reiben von Zeigefinger und Daumen keine Zuckerkristalle mehr zwischen den Fingern spüren.

2 Nun die warme Eiweiß-Zucker-Masse zum Schlagen in ein Gefäß umfüllen und ca. 10–15 Minuten bei hoher Geschwindigkeit schaumig schlagen. Sobald sich die Masse nicht mehr heiß anfühlt, den Aufsatz gegen einen Glattrühraufsatz tauschen und die zimmerwarme Butter portionsweise hinzugeben. Bei mittlerer Geschwindigkeit ca. 3–4 Minuten weiterrühren, bis alles glatt vermengt ist und die Creme eine steife Konsistenz hat. Nach Belieben können Sie noch 1–2 Tropfen Aroma oder Lebensmittelfarbe auf Gel-Basis hinzufügen.

Puddingcreme

ZUTATEN

420 ml und 80 ml Milch
4 EL Zucker
50 g Vanillepuddingpulver
250 g Butter

Variante Wenn Sie eine fruchtige Buttercreme machen möchten, geben Sie unter Rühren 100 g Fruchtpüree hinzu. Für eine Schokoladenbuttercreme 100 g Zartbitterschokolade schmelzen, abkühlen lassen und unter die Creme heben. Durchrühren, bis alles gut vermengt ist.

1 Füllen Sie 420 ml Mich in einen Topf und bringen Sie diese zum Kochen. Währenddessen die restliche Milch mit Zucker und Puddingpulver glattrühren. Sobald die Milch zu kochen anfängt, die Zucker-Mischung dazugeben. Den Pudding noch einmal kurz aufkochen und dann ca. 1 Minute unter Rühren bei mittlerer Hitze weiterkochen.

2 Damit sich keine Haut bildet, den heißen Pudding mit Zucker bestreuen oder direkt auf der Oberfläche mit Frischhaltefolie bedecken. Den Pudding für mindestens 2 Stunden auf Zimmertemperatur abkühlen lassen.

3 Wenn der Pudding Zimmertemperatur erreicht hat, die zimmerwarme Butter in eine Rührschüssel geben und diese 3–4 Minuten mit dem Mixer rühren, bis sie hell und schaumig ist. Den kalten Pudding locker schlagen und esslöffelweise und unter Rühren mit mittlerer Geschwindigkeit unter die geschmeidige Butter geben.

Cupcakes mit Fondant bedecken

1 Bereiten Sie eine beliebige Creme oder Ganache mithilfe der Rezepte auf Seite 129 zu (ein Frischkäse-Sahne-Frosting eignet sich hierfür nicht). Geben Sie 2 EL Creme auf jeden Cupcake und verteilen Sie sie mit einem Buttermesser oder einem Palettenmesser vorsichtig auf der gesamten Oberfläche. Dabei eine kleine Wölbung in der Mitte formen. Die Ränder des Cupcakes glätten und alles mindestens 1 Stunde kalt stellen.

2 Kneten Sie den Fondant kurz durch. Etwas Lebensmittelfarbe mit einem Zahnstocher aufnehmen und unterkneten.

3 Den Fondant leicht mit Speisestärke bestäuben und mithilfe eines Rollstabs auf eine Dicke von ca. 4 mm ausrollen.

4 Zum Prägen den Fondant auf eine Prägematte legen, mit Speisestärke bestäuben und mit dem Rollstab nochmals darüberfahren.

5 Anschließend Kreise mit einem Durchmesser von ca. 7 cm ausstechen.

6 Etwas Wasser oder Zuckerkleber mit einem weichen Pinsel auf die festgewordene Creme aufbringen und jeden Cupcake auf einen Kreis stürzen.

7 Den Cupcake wieder umdrehen und falls nötig mit den Fingern glätten.

Blümchen aus Fondant

1 Nehmen Sie ca. 150 g Fondant in Rosa und kneten Sie ihn kurz durch. Um zu vermeiden, dass der Fondant an den Händen oder an anderen Oberflächen kleben bleibt, bestäuben Sie die Masse am besten leicht mit Speisestärke. Im Fachhandel gibt es dafür spezielle Pudersäckchen. Rollen Sie den Fondant mithilfe eines Rollstabs auf eine Dicke von ca. 2 mm aus und stechen Sie die gewünschten Blumen mithilfe von Blütenausstechern aus.

2 Wenn Sie die Blumen noch lebendiger gestalten möchten, können Sie dafür einen Silikonpräger benutzen. Reiben Sie diesen mit etwas weichem Palmfett ein. Eine Blume vorsichtig in den Präger legen und diesen leicht zudrücken.

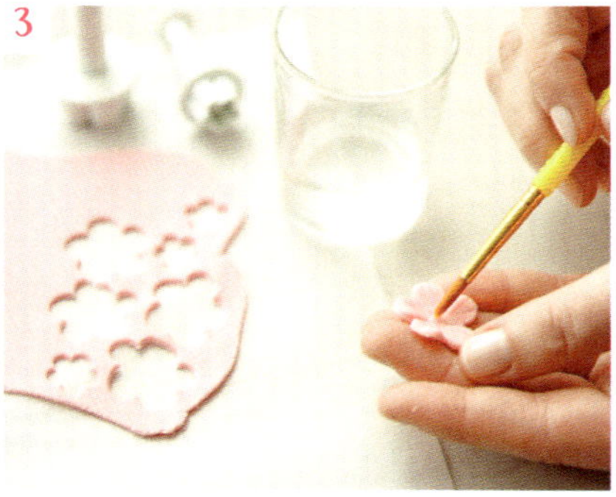

Die Blümchen sind mehrere Wochen haltbar und lassen sich daher gut auf Vorrat herstellen.

3 Nehmen Sie die Blümchen vorsichtig heraus und formen Sie nach Belieben kleine Kugeln aus gelbem Fondant. Die Blütenmitte mit etwas Wasser betupfen und die Kugel anbringen.

4 Legen Sie die Blümchen zum Trocknen in kleine Plastikschälchen, z. B. von Schaumküssen. Die Blümchen mindestens einige Stunden oder über Nacht durchtrocknen lassen.

Vorlagen

Tüten für Haselnuss-Cookies
Seite 22
Vorlage auf 125% vergrößern

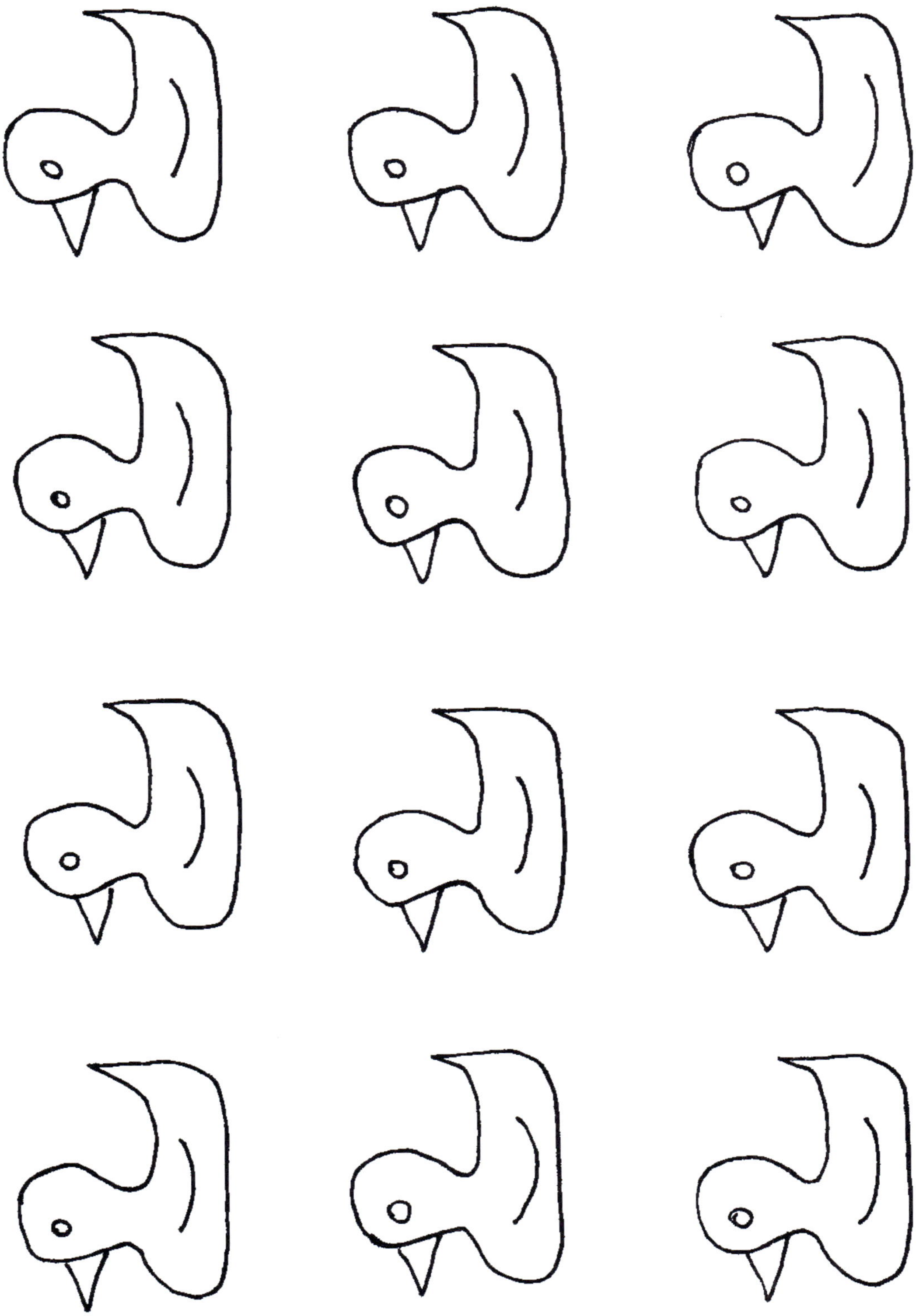

Biskuitrolle mit Entchenmuster
Seite 44

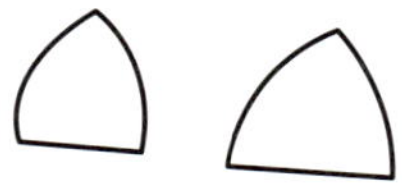

Kleine Glücksbringer-Cupcakes
Seite 10

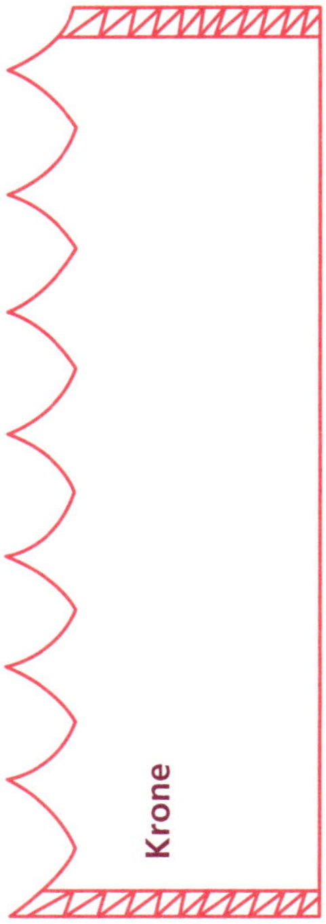

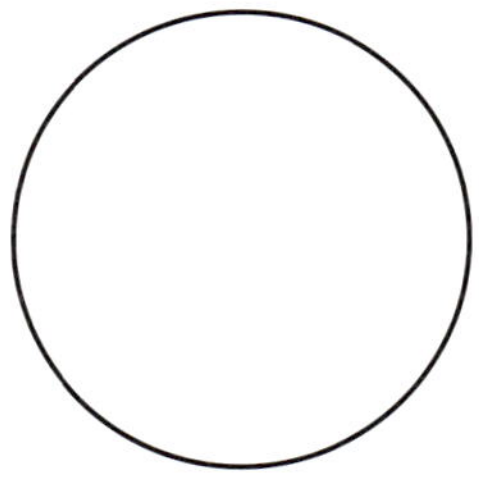

Smiley-Macarons
Seite 40

Erdbeer-Macarons
Seite 56

Prinzessinnen-Cupcakes
Seite 48

Geschenk-Macarons
Seite 64

Fruchtige Kirschrolle
Seite 54

Biskuitrolle mit Streifen und Punkten
Seite 76
Vorlage auf 125% vergrößern

Tüten für das Knäckebrot
Seite 90

Knusperbox für die Käsestangen
Seite 94
Vorlage auf 160% vergrößern

Schachtel für die Kräuter-Feta-Taschen
Seite 100
Vorlage auf 160% vergrößern

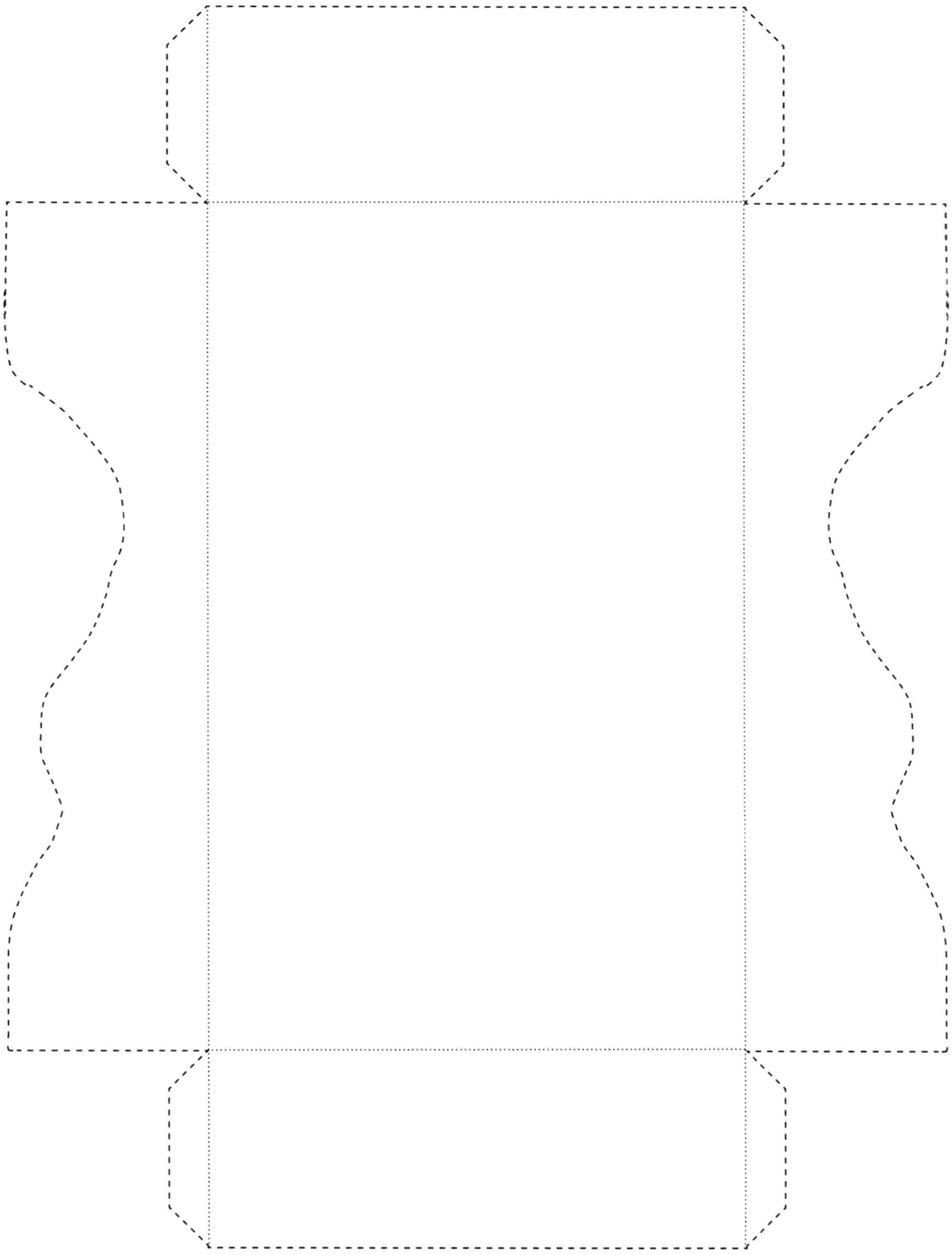

Schachtel für die Rosmarinkekse

Seite 104

Vorlage auf 133% vergrößern

Schachtel für die Käse-Säckchen

Seite 110

Vorlage auf 125% vergrößern

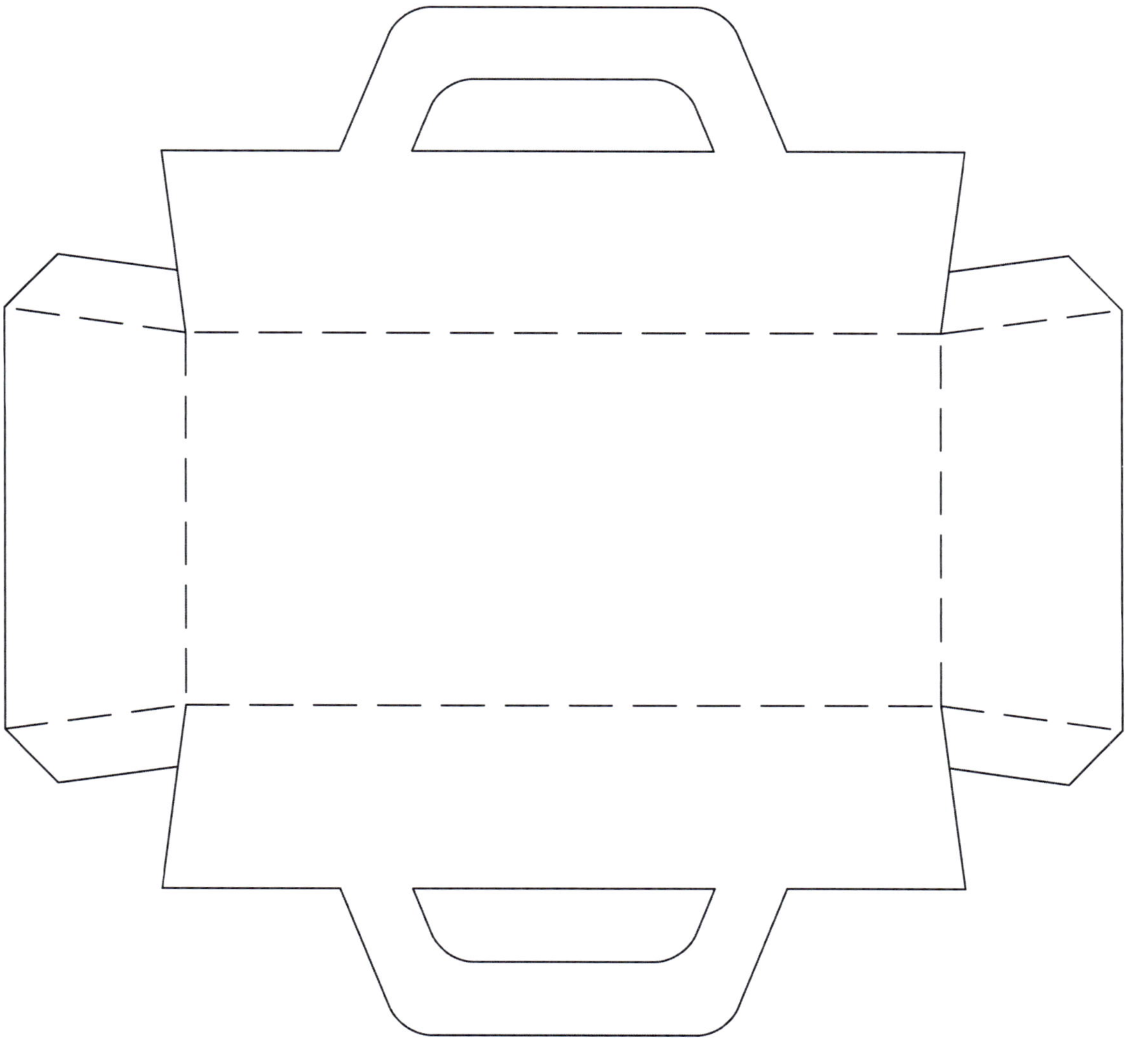

Buchempfehlungen für Sie

TOPP 8047
ISBN 978-3-7724-8047-8

TOPP 8043
ISBN 978-3-7724-8043-0

TOPP 8040
ISBN 978-3-7724-8040-9

TOPP 8033
ISBN 978-3-7724-8033-1

TOPP 8034
ISBN 978-3-7724-8034-8

TOPP 8030
ISBN 978-3-7724-8030-0

TOPP 8009
ISBN 978-3-7724-8009-6

TOPP 8041
ISBN 978-3-7724-8041-6

TOPP 8031
ISBN 978-3-7724-8031-7

IMPRESSUM

Rezepte: Vito Capezzuto (S. 44–45, 54–55, 76–77, 117–123); Anne Iburg (S. 8–9, 20–21, 36–37, 42–43, 62–63, 72–73, 86–87, 88–89, 92–93, 96–99, 102–103, 106–107); Anna-Lena Krell (S. 28–29, 40–41, 46–47, 56–57, 64–65, 126–127); Maria Panzer (S. 16–17, 26–27, 30–35); Karina Schmidt (S. 12–13, 18–19, 52–53, 74–75, 82–83, 108–109, 124–125); Sarah Trenkle (S. 50–51, 58–59, 66–67, 78–79, 114–116); Jasmina Tvrdak (S. 10–11, 24–25, 48–49, 70–71, 128–131)
Anleitungen und Vorlagen: Anna Anlauft (S. 22–23, 38–39, 90–91, 100–101, 104–105); Annika Flebe (S. 8–9, 42–43, 62–63, 72–73, 86–87, 96–97, 106–107); Gesine Harth (S. 14–15, 84–85, 94–95, 110–111); Sarah Trenkle (S. 58–59, 68–69, 78–79)
Fotos: frechverlag GmbH, 70499 Stuttgart; Stefanie Bütow (S. 50–51, 58–60, 66, 68, 78–79, 112, 114–116); Vito Capezzuto (S. 44, 55, 117–118, 119 Mitte und unten, 120–123); Maria Panzer (S. 16, 26, 30, 33–34); lichtpunkt, Michael Ruder (alle übrigen)
Produktmanagement: Christine Rauch
Lektorat: Friederike Ahlborn
Layoutentwicklung und Satz: Magdalene Krumbeck, Wuppertal
Druck und Bindung: DRUK-INTRO S.A., Polen

1. Auflage 2018

ISBN: 978-3-7724-8052-2 • Best.-Nr. 8052